DEUTSCH ALS FREMDSPRACHE IN DER

DAS TESTBUCH WIRTSCHAFTSDEUTSCH

Training WiDaF

von
Margarete Riegler-Poyet · Jürgen Boelcke ·
Bernard Straub · Paul Thiele

DEUTSCH-FRANZÖSISCHE
INDUSTRIE- UND HANDELSKAMMER

Langenscheidt
Berlin · München · Wien · Zürich · New York

Umschlaggestaltung: Diamond Graphics, Augsburg
Redaktion: Sabine Wenkums

Das Testbuch Wirtschaftsdeutsch – Training WiDaF berücksichtigt die Änderungen, die sich aus der Rechtschreibreform von 1996 ergeben.

Umwelthinweis: Gedruckt auf chlorfrei gebleichtem Papier

© 2000 Langenscheidt KG, Berlin und München

Druck: Druckhaus Langenscheidt, Berlin
Printed in Germany · ISBN 3-468-**49846**-2

Inhaltsverzeichnis

Einleitung

Das Testbuch Wirtschaftsdeutsch – Training WiDaF bietet Lernenden auf fortgeschrittenem Niveau die Möglichkeit, ihre Kenntnisse in Wirtschaftsdeutsch zu erweitern, zu vertiefen und zu überprüfen. Durch gezieltes Training der deutschen Wirtschaftssprache wird effizient auf den **Test WiDaF** vorbereitet.

Was ist der *Test WiDaF*?

Der **Test WiDaF** (**D**eutsch **a**ls **F**remdsprache in der **Wi**rtschaft) wurde von der Deutsch-Französischen Industrie- und Handelskammer in Paris entwickelt und gibt Auskunft über die Fähigkeit, die deutsche Sprache insbesondere im Berufs- und Wirtschaftsleben anzuwenden.

An wen wendet sich der Test?

Der Test richtet sich
- an Studenten und Berufstätige, die eine offizielle Bestätigung ihrer Sprachkenntnisse erlangen wollen;
- an Personen, die sich um eine Stelle bewerben, die Deutschkenntnisse erfordert;
- an alle, die ihre Kenntnisse in der Fachsprache »Wirtschaft« besser einschätzen möchten.

Der **Test WiDaF** steht allen offen, die über allgemeine und berufsbezogene Kenntnisse der deutschen Sprache verfügen, ohne dass diese ihre Muttersprache ist.

Aufgaben

- Es werden 150 Fragen aus sämtlichen Wirtschaftsbereichen und Situationen im Berufsleben gestellt.
- Die Fragen werden in Multiple-Choice-Form dargeboten.
- Vier Antworten sind vorgegeben, wobei eine Antwort richtig ist.
- Der Test wird nur schriftlich durchgeführt. Die richtige Antwort wird auf einem Antwortbogen angekreuzt.

Bereiche

Fachlexik   Themengebiete: Betrieb, Verwaltung, Personalwesen, Finanzen, Bank, Versicherungswesen, Produktion, Handel, Werbung, Marktforschung, Messen, Handelskorrespondenz, Berichte, Protokolle, Grafiken.

Grammatik   Deklination, Verbformen, Präpositionen, Adverbien, Konjunktionen, Pronomen, Sprachbausteine.

Leseverstehen   Berufsrelevante Texte, z.B. Artikel aus der Presse, Geschäftsberichte, Produktbeschreibungen, Werbetexte.

Hörverstehen   Einfache Aussagen, Dialoge, Interviews, Telefongespräche, simulierte Situationen aus der Arbeitswelt.

Dauer des Tests

Die Gesamtdauer des Tests beträgt 2 Stunden 30 Minuten.
1 Stunde 45 Minuten werden für Fachlexik, Grammatik und Leseverstehen benötigt,
45 Minuten für das Hörverstehen.

Korrektur und Bewertung

Die Korrektur des Tests erfolgt mittels EDV. Mit Hilfe eines Scanners werden die auf dem Antwortbogen markierten Antworten auf den Computer übertragen und ausgewertet.
Beim **Test WiDaF** kann der Kandidat / die Kandidatin insgesamt 990 Punkte erreichen. Die Punkte werden je nach Schwierigkeitsgrad der Aufgaben verteilt.
Man kann beim **Test WiDaF** nicht durchfallen, denn jeder Kandidat / jede Kandidatin erreicht je nach Sprachkenntnissen eine gewisse Punktezahl. Ein Zertifikat bestätigt diese Punktezahl.
Eine Beschreibung des Niveaus erlaubt sowohl den Kandidaten als auch den Unternehmen, die sprachlichen Fähigkeiten der getesteten Person zu beurteilen.

Wo kann der Test abgelegt werden?

Der **Test WiDaF** kann an den deutschen Auslandshandelskammern in vielen Ländern abgelegt werden, deren Adressen Sie auf der Web-Seite des Deutschen Industrie- und Handelstages (http://www.diht.de) finden.

Das Testbuch Wirtschaftsdeutsch – Training WiDaF

Das vorliegende Programm ist eine effiziente Hilfe zur Vorbereitung auf den **Test WiDaF** und zur Vertiefung Ihrer Wirtschaftsdeutschkenntnisse.

Wie arbeitet man mit diesem Programm?

Das Testbuch Wirtschaftsdeutsch, Training WiDaF, besteht aus zwei Teilen: dem Übungsteil und dem Modelltest.

Der **Übungsteil** besteht aus vier Kapiteln:

Teil 1   Fachlexik
Teil 2   Grammatik
Teil 3   Leseverstehen
Teil 4   Hörverstehen, mit CD oder Audiokassette und den Transskripten der Hörtexte im Buch

Zu jedem Teilbereich finden Sie zahlreiche Aufgaben, die Sie auf den Modelltest vorbereiten.

Der **Modelltest** entspricht in der Form und im Niveau dem **Test WiDaF**. Er besteht wie der Übungsteil aus den vier Bereichen Fachlexik, Grammatik, Leseverstehen und Hörverstehen (mit Transkripten der Hörtexte im Buch) und enthält 150 Aufgaben zu diesen Bereichen.
Bei der Bearbeitung des Modelltests sollten Sie die Zeitangaben einhalten, d.h. in einer Stunde und 45 Minuten sollten Sie die Teile Fachlexik, Grammatik und Leseverstehen bearbeiten. Beim Teil Hörverstehen lassen Sie bitte die CD oder Kassette immer weiterlaufen und beantworten die Fragen in der vorgesehenen Zeitspanne.

Die **Lösungen** ab S. 138 des Buches bieten Ihnen die Möglichkeit, Ihre Kenntnisse sofort zu überprüfen, Ihre Schwächen zu erkennen und Übungen zu deren Verbesserung zu machen.

Es gibt zwei Möglichkeiten das Programm zu verwenden:

Verwendungsmethode 1

- Bearbeiten Sie schrittweise die Aufgaben des Übungsteils (Fachlexik, Grammatik, Leseverstehen und Hörverstehen).
- Machen Sie den entsprechenden Teil des Modelltests.
- Notieren Sie eventuelle Fehler.
- Bearbeiten Sie – wenn nötig – denselben Teil noch einmal.
- Gehen Sie dann zu einem anderen Teil über.
- Machen Sie nach Bearbeitung aller Teile den Modelltest noch einmal.
- Vergleichen Sie die Ergebnisse.

Haben Sie sich verbessert?

Verwendungsmethode 2

- Machen Sie den Modelltest.
- Notieren Sie die Teile, in denen Sie die meisten Fehler gemacht haben.
- Bearbeiten Sie im Übungsteil die Abschnitte, wo Sie Fehler gemacht haben.
- Machen Sie den Modelltest noch einmal.
- Vergleichen Sie die Ergebnisse.

Haben Sie sich verbessert?

Verwendung der CD oder Audiokassette

Training   Wir raten Ihnen:
Schalten Sie beim Bearbeiten des Übungsteils nach jeder Frage das Gerät aus und nehmen Sie sich Zeit, um die richtige Antwort zu finden.

Testsituation   Wir raten Ihnen:
Lassen Sie beim Modelltest die CD oder Audiokassette immer weiterlaufen und beantworten Sie die Frage in der vorgegebenen Zeit (15 Sekunden pro Antwort).

Geleitwort des Präsidenten der Deutsch-Französischen Industrie- und Handelskammer, Alfred Freiherr von Oppenheim

Die zunehmende internationale Verflechtung der Wirtschaft und die Globalisierung der Märkte führen zu einer immer größeren Bedeutung von Fremdsprachen und ihrer Beherrschung. Unternehmen, die internationale Märkte erschließen und Handelsbeziehungen ausbauen wollen, sind in erhöhtem Maß auf fremdsprachlich geschulte Mitarbeiter angewiesen. Dabei genügen Kenntnisse der Umgangssprache jedoch meist nicht; die Beherrschung der Fachsprache ist unerlässlich.

Deutschland ist weltweit die zweitgrößte Industrienation. Deutsche Unternehmen sind durch Fusionen und Übernahmen mit Unternehmen in vielen anderen Ländern verbunden. Kenntnisse der deutschen Wirtschaftssprache und Unternehmenskultur sind daher oft ein entscheidendes Kriterium bei Bewerbungen und für die Berufskarriere.

Die Deutsch-Französische Industrie- und Handelskammer ist täglich mit Anfragen von Firmen konfrontiert, die deutschsprachiges Personal benötigen. Sie bietet daher Personen mit bereits vorhandenen wirtschaftsrelevanten Deutschkenntnissen die Möglichkeit, deren Umfang durch Prüfungen festzustellen und zu bewerten.

Aufbauend auf die 40-jährige Erfahrung in der Beurteilung von Wirtschaftsdeutschkenntnissen wurde in unserer Kammer ein modernes Diagnoseinstrument, der Test WiDaF, entwickelt. Viele Hochschulen und Unternehmen verlangen inzwischen von ihren Studenten und Mitarbeitern, sich diesem Test zu unterziehen, und machen ihn damit zum Maßstab für die Beurteilung der wirtschaftsbezogenen Deutschkenntnisse von Absolventen und Bewerbern.

Das Testbuch Wirtschaftsdeutsch – Training WiDaF bereitet effizient auf den Test WiDaF vor. Es hilft außerdem, Kenntnisse der deutschen Wirtschaftssprache zu erweitern, um für geschäftliche Kontakte mit deutschen Unternehmen gerüstet zu sein und um die Zusammenarbeit mit ihnen erfolgreich zu gestalten. Im Interesse der weiteren Entwicklung internationaler Wirtschaftsbeziehungen, die immer auch der Verständigung unter den Bürgern verschiedener Nationen und dem Verständnis füreinander dienen, wünsche ich dem vorliegenden Werk weite Verbreitung und gewinnbringende Nutzung.

Alfred Freiherr von Oppenheim

Genauere Informationen über den Test WiDaF erhalten Sie bei der Deutsch-Französischen Industrie- und Handelskammer:

Deutsch-Französische Industrie- und Handelskammer
18, rue Balard
F-75015 Paris

A Synonyme

Wählen Sie das passende Synonym (Substantiv) und markieren Sie die richtige Lösung: a, b, c oder d.
Eine Antwort ist richtig.

1. **das Lichtbild**
   a) das Plakat
   b) das Foto
   c) der Prospekt
   d) der Werbezettel

2. **die Geschäftszeiten (Pl.)**
   a) die Öffnungszeiten (Pl.)
   b) das Ladenschlussgesetz
   c) die Eröffnung
   d) die Geschäftsbedingungen (Pl.)

3. **die Herstellung**
   a) die Leistung
   b) der Verlust
   c) der Gewinn
   d) die Produktion

4. **die Beschwerde**
   a) die Anklage
   b) die Reklamation
   c) der Fehler
   d) der Mangel

5. **der Prospekt**
   a) die Werbeschrift
   b) die Werbedurchsage
   c) der Werbespruch
   d) der Werbetrick

6. **der Kredit**
   a) die Aktie
   b) der Anteilschein
   c) das Darlehen
   d) das Wertpapier

7. **die Flaute**
   a) die Expansion
   b) der Verlust
   c) die Fusion
   d) der Konjunkturstillstand

8. **die Lohn- und Gehaltsempfänger (Pl.)**
   a) die Beamten (Pl.)
   b) die Arbeitnehmer (Pl.)
   c) die Arbeiter (Pl.)
   d) die Angestellten (Pl.)

9. **die Marktanalyse**
   a) das Marketing-Mix
   b) die Marktnische
   c) die Marktlücke
   d) die Marktstudie

10. **der Wettbewerb**
    a) die Konkurrenz
    b) der Leistungsdruck
    c) die Marktwirtschaft
    d) die Planwirtschaft

11. **die Unternehmensleitung**
    a) das Personalwesen
    b) das Controlling
    c) das Management
    d) das Marketing

12. **das Budget**
    a) die Bilanz
    b) der Haushalt
    c) die Rechnungslegung
    d) der Kostenvoranschlag

13. **die Kommerzialisierung**
    a) die Marktprognose
    b) die Verkaufsförderung
    c) die Vermarktung
    d) die Absatzpolitik

14. **die Betriebswirtschaft**
    a) die Mikroökonomie
    b) der Handwerksbetrieb
    c) der Großbetrieb
    d) die Makroökonomie

15. der Konkurs
  a) der Wettkampf   c) die Pleite
  b) die Selektion   d) die Rivalität

16. die Konjunktur
  a) die anhaltende Rezession   c) der ausbleibende Boom
  b) die wirtschaftliche Entwicklungstendenz   d) die lahme Expansion

17. die Inflation
  a) die Kaufkraftzunahme   c) die Geldentwertung
  b) der Fehlbetrag   d) die Preissenkung

18. das Bruttosozialprodukt
  a) der Wert der Güter und Dienstleistungen   c) die Vergütung der Sozialarbeiter
  b) das Einkommen der Erwerbstätigen   d) der Haushalt eines Sozialstaates

19. die Dienstleistungen (Pl.)
  a) der primäre Sektor   c) der sekundäre Sektor
  b) der tertiäre Sektor   d) der quaternäre Sektor

20. der öffentliche Dienst
  a) die Öffentlichkeitsarbeit   c) die öffentlichen Mittel (Pl.)
  b) die Sozialversicherung   d) der Staatsdienst

21. der Existenzgründer
  a) der Entwicklungshelfer   c) der Unternehmensgründer
  b) der Geburtshelfer   d) der Lebensversicherer

22. die Belegschaft
  a) das Personal   c) die Stammkundschaft
  b) die Stellenbesetzung   d) die Arbeitsstelle

23. der Hilfsarbeiter
  a) der Facharbeiter   c) der angelernte Arbeiter
  b) der Vorarbeiter   d) der ungelernte Arbeiter

24. das Resultat
  a) das Ereignis   c) die Erlaubnis
  b) das Ergebnis   d) die Erkenntnis

25. die Fusion
  a) der Zusammenschluss   c) die Verbindung
  b) die Aufnahme   d) der Ausschluss

26. die Distribution
  a) der Antrieb   c) der Betrieb
  b) der Austrieb   d) der Vertrieb

27. der Verbraucher
  a) der Käufer   c) der Konsument
  b) der Kunde   d) der Klient

28. die Prokura
  a) die Großmacht   c) die Übermacht
  b) die Vollmacht   d) die Allmacht

29. der Handelsreisende
  a) der Börsenmakler   c) der Händler
  b) der Zollbeamte   d) der Vertreter

30. die Anschrift
  a) die Adresse   c) der Firmenname
  b) der Geschäftszweig   d) die Branche

Das unterstrichene Wort kann durch ein Synonym ersetzt werden. Eine Antwort ist richtig.

31. Haben Sie die eingegangene Ware <u>kontrolliert</u>, Herr Douglas?
  a) anvisiert   c) filtriert
  b) überprüft   d) ausgewählt

32. Vergessen Sie <u>die Sitzung</u> am nächsten Donnerstag nicht.
  a) das Gespräch   c) die Mitteilung
  b) die Auseinandersetzung   d) die Versammlung

33. Jeder Gehaltsempfänger bekommt für seine geleistete Arbeit <u>eine Bezahlung</u>.
  a) einen Sold   c) eine Gage
  b) eine Vergütung   d) ein Honorar

34. Für defekte Waren erhalten Sie <u>einen Rabatt</u>.
  a) einen Preisnachlass   c) eine Preiserhöhung
  b) eine Preisgarantie   d) einen Preisstopp

35. Die Börse boomt. Kaufen Sie <u>Aktien</u>.
  a) Wertbriefe   c) Wertpapiere
  b) Wertgegenstände   d) Wertsachen

36. Das ist mir zu teuer. <u>Diese Summe</u> scheint mir zu hoch.
  a) Dieses Ergebnis   c) Dieser Rest
  b) Dieser Betrag   d) Dieser Beitrag

37. <u>Teilzahlungen</u> erleichtern den Kauf von Konsumgütern.
  a) Ratenkäufe   c) Gelegenheitskäufe
  b) Panikkäufe   d) Hamsterkäufe

38. <u>Der Erwerb</u> dieses Grundstücks kommt ihn teuer zu stehen.
  a) Der Verkauf   c) Die Bebauung
  b) Die Erschließung   d) Der Kauf

39. <u>Halbtagsarbeit</u> trägt zur Flexibilisierung der Arbeitszeit bei.
  a) Zeitarbeit   c) Schwarzarbeit
  b) Teilzeitarbeit   d) Zwangsarbeit

40. Die Kosten für die <u>Mietzahlung</u> von Investitionsgütern können Sie von den Steuern absetzen.
  a) das Leasing   c) die Verleihung
  b) das Abonnement   d) die Pacht

41. Die Arbeitslosenzahlen konnten <u>gesenkt</u> werden.
  a) erhöht   c) geschwächt
  b) vermindert   d) vergrößert

42. Er muss die Rechnung schnellstens <u>bezahlen</u>.
  a) begleichen   c) zählen
  b) ausmachen   d) ausgleichen

43. Um ihr Personal zu schulen, müssen die Betriebe viel Geld in <u>die Weiterbildung</u> stecken.
  a) die Schulbildung   c) die Fortbildung
  b) das Studium   d) die Forschung

44. <u>Erzeugen</u> Sie auch Reiswein, Herr Ling?
  a) Liefern   c) Produzieren
  b) Verkaufen   d) Vermitteln

45. Wir können Ihnen eine Liste der Jugendherbergen senden, jedoch ohne <u>Gewähr</u>.
  a) Frist   c) Leistung
  b) Risiko   d) Garantie

46. Als <u>Fachmann</u> können Sie mir sicher einen Rat geben.
a) Spezialist
b) Gönner
c) Arbeiter
d) Laie

47. Wurde der Termin für das Treffen schon <u>festgelegt</u>?
a) zugeschrieben
b) festgesetzt
c) angesetzt
d) zugeteilt

48. <u>Der Beginn</u> seines Vortrags war sehr interessant.
a) Der Anbruch
b) Die Erschließung
c) Der Anfang
d) Die Öffnung

49. Sie bekam die Warenprobe <u>umsonst</u>.
a) berechnet
b) bezahlt
c) verrechnet
d) gratis

50. Sie rechnete nicht mehr mit <u>dem Einverständnis</u> ihres Vorgesetzten.
a) dem Zuspruch
b) der Zustimmung
c) dem Einspruch
d) der Einstimmung

B   Sprachbausteine

Wählen Sie das passende Wort (Verb). <u>Eine</u> Antwort ist richtig.

1. eine Marktlücke _____
   a) abschließen
   b) verschließen
   c) entdecken
   d) zudecken

2. Marktanteile _____
   a) beherrschen
   b) gewinnen
   c) verlängern
   d) kommerzialisieren

3. Kunden _____
   a) befragen
   b) beantworten
   c) befürworten
   d) bitten

4. eine Umfrage _____
   a) einführen
   b) führen
   c) erledigen
   d) durchführen

5. eine Zielgruppe _____
   a) erreichen
   b) entsprechen
   c) ausmachen
   d) abfinden

6. einen hohen Umsatz _____
   a) verdienen
   b) betragen
   c) erzielen
   d) reichen

7. einen Flug _____
   a) kaufen
   b) buchen
   c) abnehmen
   d) bestellen

8. einen Bedarf _____
   a) decken
   b) füllen
   c) bestehen
   d) schütten

9. Die Preise _____ um 5%.
   a) steigern
   b) wachsen
   c) steigen
   d) vermehren

10. Die Kosten _____ um 3 Prozent.
    a) senken
    b) vermindern
    c) verringern
    d) sinken

11. einen Fragebogen _____
    a) ausschreiben
    b) füllen
    c) schreiben
    d) ausfüllen

12. ein Darlehen _____
    a) liefern
    b) stellen
    c) gewähren
    d) ordern

13. eine Anzeige _____
    a) aufgeben
    b) ausgeben
    c) vergeben
    d) angeben

14. einen Arbeitsvertrag _____
    a) schreiben
    b) unterzeichnen
    c) zeichnen
    d) beschreiben

15. mit jdm. Geschäftsverbindungen _____
a) aufstellen
b) verbinden
c) bekommen
d) aufnehmen

16. Werbespots _____
a) funken
b) ausstrahlen
c) verbreiten
d) emittieren

17. den Verkauf _____
a) fördern
b) bestellen
c) abstellen
d) befördern

18. Verantwortung _____
a) ergreifen
b) nehmen
c) übernehmen
d) lassen

19. Das Werbebudget _____ 3 Millionen Euro.
a) erzielt
b) bezieht sich auf
c) beläuft sich auf
d) reicht

20. in einem Unternehmen _____
a) tätig sein
b) tätigen
c) aktiv sein
d) handeln

21. eine zu hohe und _____ Investition
a) köstliche
b) kostbare
c) kostspielige
d) kostenlose

22. eine _____ Konkurrenz
a) harte
b) strenge
c) dicke
d) feste

23. mit _____ Grüßen
a) freudigen
b) vorzüglichen
c) geehrten
d) freundlichen

24. der _____ Wettbewerb
a) unreine
b) unlautere
c) unehrliche
d) unredliche

25. die _____ Werbung
a) irrsinnige
b) irre
c) irreführende
d) irrige

26. die _____ Öffentlichkeit
a) breite
b) hohe
c) große
d) gewaltige

27. _____ Summen
a) wichtige
b) bedeutsame
c) führende
d) bedeutende

28. _____ Preise
a) niedergedrückte
b) niedrige
c) niederträchtige
d) niedliche

29. eine _____ Beratung
a) künstliche
b) kundige
c) kenntliche
d) fachmännische

30. _____ Waren
   a) preiswerte
   b) preisbewusste
   c) preisgegebene
   d) preistreibende

31. die _____ Berufe
   a) freihändigen
   b) freien
   c) freigegebenen
   d) freistehenden

32. die _____ Angestellten
   a) führenden
   b) regierenden
   c) dirigierenden
   d) leitenden

33. Waren des _____ Bedarfs
   a) tägigen
   b) tagelangen
   c) tageweisen
   d) täglichen

34. der Tag der _____ Tür
   a) aufgeschlossenen
   b) verschlossenen
   c) offenen
   d) geöffneten

35. die _____ Bevölkerung
   a) erwerbstätige
   b) berufliche
   c) tätige
   d) arbeitsame

36. die _____ Datenverarbeitung
   a) computerisierte
   b) elektronische
   c) elektrische
   d) elektrisierte

37. eine angenehme und _____ Textverarbeitung
   a) fröhliche
   b) benutzerfeindliche
   c) benutzerfreundliche
   d) traurige

38. _____ und juristische Personen
   a) moralische
   b) physische
   c) legitime
   d) natürliche

39. Gesellschaft mit _____ Haftung
   a) beschränkter
   b) restriktiver
   c) begrenzter
   d) limitierter

40. eine _____ Zahlungsbilanz
   a) schleichende
   b) überschüssige
   c) galoppierende
   d) reichliche

41. Dank der Geldautomaten verfügen Sie jederzeit über _____.
   a) Kleingeld
   b) Bargeld
   c) Taschengeld
   d) Wechselgeld

42. _____ der Billiglohnländer gefährden die heimische Wirtschaft.
   a) Wucherpreise
   b) Höchstpreise
   c) Selbstkostenpreise
   d) Dumpingpreise

43. Durch ihre Aktien haben die Aktionäre Anspruch auf _____.
   a) Prämien
   b) Tantiemen
   c) Zinsen
   d) Dividenden

44. Dank der _____ nehmen die Arbeitnehmer am Entscheidungsprozess des Unternehmens teil.
   a) Mitsprache
   b) Selbstbeteiligung
   c) Mitbestimmung
   d) Selbstbestimmung

45. Die Arbeitszeit-_____ trägt zur Flexibilisierung der Arbeitswelt bei.
  a) -kürzung   c) -verkürzung
  b) -herabminderung   d) -schwund

46. Gehälter werden vom Arbeitgeber auf _____ überwiesen.
  a) Sparkonten   c) Girokonten
  b) Spendenkonten   d) Wertpapierkonten

47. Diese Firma muss noch ins Handels-_____ eingetragen werden.
  a) -buch   c) -verzeichnis
  b) -band   d) -register

48. _____ spielen für die deutsche Wirtschaft eine große Rolle.
  a) Messen und Ausstellungen   c) Salons und Schauen
  b) Ausstellungen und Salons   d) Messen und Schauen

49. Das neue Computermodell war der _____ auf der Hannovermesse.
  a) Renner   c) Longseller
  b) Springer   d) Läufer

50. Die _____ vergleicht den Warenimport und -export eines Landes.
  a) Zwischenbilanz   c) Schlussbilanz
  b) Handelsbilanz   d) Zahlungsbilanz

C   Handelskorrespondenz

Wählen Sie den passenden Ausdruck aus der unten stehenden Liste und markieren Sie die richtige Lösung:
a, b oder c. Eine Antwort ist richtig.

1. Anfrage

Steinli & Söhne KG
Steilweg 8 · CH-8003 Zürich

INTERKOMMUNIKATION
__1__ Frau Ursula Mennens
Heinestr. 17

D-40213 Düsseldorf

Zürich, den 8. Februar . . . .

Übersetzungsprogramme

Sehr geehrte Frau Mennens,

wir haben uns auf der *Expolangues*, der Sprachenmesse in Paris __2__, wo ich mit großem Interesse Ihre Präsentation des neuen Übersetzungsprogramms verfolgt habe. Wir sind ein in der Schweiz __3__ Unternehmen und __4__ in viele Länder. Ihre Übersetzungsprogramme für Englisch, Französisch und Spanisch interessieren uns sehr, weil wir oft __5__ unserer Kunden zu übersetzen haben. Wir würden gern 50 Computer mit einem Übersetzungsprogramm __6__ und __7__ Sie daher, uns __8__ ausführliche Informationen und einen Kostenvoranschlag zu senden. Für die __9__ einer Demo-Diskette in jeder der angegebenen Sprachen danken wir __10__ im Voraus.

Mit freundlichen Grüßen

Steinli & Söhne KG

Johann Bircher
Johann Bircher

1.	a) z.B.	b) Betr.	c) z.Hd.
2.	a) getroffen	b) getrennt	c) begegnet
3.	a) sitzendes	b) liegendes	c) ansässiges
4.	a) einführen	b) exportieren	c) importieren
5.	a) Grundlagen	b) Unterlagen	c) Papierwaren
6.	a) ausstellen	b) ausschmücken	c) ausstatten
7.	a) bitten	b) fragen	c) erkundigen uns
8.	a) umgehend	b) umgebend	c) umfassend
9.	a) Zuversicht	b) Zusendung	c) Zustimmung
10.	a) Sie	b) Ihnen	c) euch

2. Angebot

Riem GmbH
Schlickgasse 38 · A-1090 Wien

Mr. Jerry Hunter
Thorsan Corporation
2393 Sheridan Road
Atlanta, GA 30339
USA

                                                                        30. 04. . . . .

Angebot

Sehr geehrter Herr Hunter,

Ihre ___1___ vom 24. d.M. haben wir dankend ___2___ und freuen uns über Ihr Interesse an unseren Weingläsern.

In der ___3___ senden wir Ihnen unseren neuesten Katalog und machen Ihnen folgendes Angebot:

Rotweinglas	Artikel-Nr. 3627	Preis	36,40 Euro pro Stück
Weißweinglas	Artikel-Nr. 3718	Preis	34,80 Euro pro Stück

Wir ___4___ Ihnen einen Mengenrabatt von 5%, wenn Sie von jedem Artikel mindestens 100 Stück bestellen. Die ___5___ beträgt vier Wochen. Der ___6___ versteht sich ab Werk. Die Zahlung ist innerhalb von 30 Tagen nach ___7___ ohne Abzug fällig. Sobald die Ware ___8___ ist, werden Sie schriftlich darüber ___9___ .

___10___ Auftrag sehen wir gerne entgegen und verbleiben

mit freundlichen Grüßen

Riem GmbH

Ingrid Hamann

Ingrid Hamann

1.	a) Angabe	b) Anfrage	c) Bestellung
2.	a) entnommen	b) behalten	c) erhalten
3.	a) Anlage	b) Zuschrift	c) Beilegung
4.	a) gewähren	b) lassen	c) zugestehen
5.	a) Lieferung	b) Lieferformalitäten	c) Lieferzeit
6.	a) Preis	b) Auftrag	c) Rabatt
7.	a) Rechnung	b) Rechnungsdatum	c) Fälligkeitstag
8.	a) termingerecht	b) versandbereit	c) fertig
9.	a) informiert	b) mitgeteilt	c) vorgemerkt
10.	a) Ihren	b) Ihre	c) Ihrem

3. Bestellung

Agor-Teigwaren
Fabrikstraße 24 · D-80640 München

T E L E F A X

An: Herrn Ruggero Caprani
           Pasta buena
Fax: 00 39 02 46 37 89 64

Von: Raimund Leiser
Fax: 00 49 89 / 71 18 709
Datum: 23. 08. . . . .

Bestellung

Sehr geehrter Herr Caprani,

wir __1__ uns auf Ihr Angebot vom 20. d.M. und __2__ Ihnen folgenden __3__ :

500 kg Spagetti zu 0,75 Euro/kg, 300 kg Makkaroni zu 0,85 Euro/kg, 400 kg Tagliatelle zu 0,80 Euro/kg und 100 kg Rigatoni zu 0,90 Euro/kg.
Wir __4__ die Teigwaren in einer Woche und werden unsere Spedition __5__, die Waren am 28. August abzu-__6__.
Nach __7__ der Lieferung werden wir den __8__ Betrag __9__ 3% Skonto auf Ihr Konto überweisen.
Wir bitten Sie, unseren Auftrag umgehend per Fax zu __10__.

Mit freundlichen Grüßen

Raimund Leiser
Raimund Leiser
Einkaufsabteilung

1.	a) bezeigen	b) beziehen	c) bezeugen
2.	a) erzeugen	b) erteilen	c) bestellen
3.	a) Auftrag	b) Antrag	c) Vertrag
4.	a) beschleunigen	b) beliefern	c) benötigen
5.	a) beauftragen	b) anmelden	c) bescheinigen
6.	a) -jagen	b) -fangen	c) -holen
7.	a) Einhalt	b) Erhalt	c) Instandhaltung
8.	a) bestehenden	b) hochstehenden	c) ausstehenden
9.	a) abzüglich	b) hinzukommend	c) ergänzend
10.	a) beschaffen	b) beschränken	c) bestätigen

4. Reklamation

M O B I L P R O
20, rue du Four · F-38000 Grenoble

INTER-HANDY
z.Hd. Frau Eva Rehmann
Alsterweg 16

D-20457 Hamburg

18. Februar . . . .

___1___

Sehr geehrte Frau Rehmann,

wir haben Ihre Lieferung vom 15. d.M. __2__ . __3__ mussten wir beim Auspacken der Ware __4__ , dass Sie uns nur 200 der 300 bestellten Mobiltelefone geliefert haben. Da wir für Ende März eine Werbe- __5__ für diese Telefone geplant haben, bitten wir __6__ , uns die fehlenden Telefone umgehend zu schicken. __7__ die Lieferung nicht in einer Woche __8__ uns eingegangen ist, sehen wir uns __9__ , die Telefone bei Ihrer Konkurrenz zu bestellen.

Mit freundlichen Grüßen

Catherine Lecour

___10___ Catherine Lecour

1.	a) Mindestzahl	b) Minderlieferung	c) Mindestsatz
2.	a) erschlossen	b) erzielt	c) erhalten
3.	a) Leider	b) Leidlich	c) Leidvoll
4.	a) bekennen	b) vernehmen	c) feststellen
5.	a) -kampagne	b) -spot	c) -film
6.	a) Ihnen	b) ihn	c) Sie
7.	a) Falls	b) Als	c) Wann
8.	a) von	b) bei	c) zu
9.	a) gefordert	b) gefördert	c) gezwungen
10.	a) i. V.	b) ggf.	c) d. h.

5. Stundung

Seiber & Co.KG
Breiter Weg 104 · D-39105 Magdeburg

Herrn
Jochen Hammer
Baustoffe Wagner GmbH
Postfach 54 12

D-67614 Kaiserslautern

19. 6. . . . .

Rechnung Nr. 8912

Sehr geehrter Herr Hammer,

Ihre Rechnung Nr. 8912 wird am 30. 6. . . . . __1__ . Leider ist es uns nicht möglich, den __2__ von 3517,50 Euro zu __3__ . Der Konkurs eines __4__ hat uns in __5__ gebracht. Wir ersuchen Sie deshalb um __6__ des Betrages. In zwei bis drei Monaten ist die Situation sicher geklärt, und wir werden dann die __7__ Summe auf Ihr Konto __8__ .
Wir hoffen __9__ Ihr __10__ und eine positive Antwort und verbleiben

mit freundlichen Grüßen

Seiber & Co.KG

R. Egger

Ralf Egger

---

1. a) fallen   b) fällig   c) gefallen
2. a) Betrag   b) Geld   c) Summe
3. a) verrechnen   b) zählen   c) begleichen
4. a) Lieferanten   b) Geschäftsmannes   c) Großkunden
5. a) Probleme   b) Verzögerung   c) Zahlungsschwierigkeiten
6. a) Stundung   b) Zahlungsverzug   c) Zahlungsfrist
7. a) gesammelte   b) gesamte   c) zusammengetragene
8. a) einschreiben   b) überweisen   c) überschreiben
9. a) auf   b) über   c) in
10. a) Anteilnahme   b) Verständnis   c) Zuverlässigkeit

6. Partnersuche

MEDICA GmbH
Alter Markt 14 · D-38100 Braunschweig

Sarantopoulos & Naidis
Doryleou 22 / IV
GR-54249 Thessaloniki
Griechenland

Braunschweig, den 6. Oktober . . . .

Export medizinischer Geräte

Sehr geehrte Damen und Herren,

wir erhielten Ihre __1__ von der deutschen Auslandshandelskammer in Athen.
Unsere Firma möchte __2__ medizinische Geräte nach Griechenland exportieren.
Wir suchen daher eine griechische Firma, die sich mit der __3__ medizinischer Apparate beschäftigt.
Um __4__ einen __5__ in unser Angebot zu __6__, legen wir Ihnen in der Anlage einen ausführlichen
Prospekt unserer Geräte bei.

Sollten Sie an einer __7__ interessiert sein, wären wir Ihnen für einen baldigen __8__ __9__ .

Mit freundlichen Grüßen

Maria Müller

__10__ Maria Müller
Exportabteilung

---

1. a) Abschrift	b) Anschrift	c) Vorschrift
2. a) hohe	b) hochkarätige	c) hochwertige
3. a) Vermarktung	b) Verkauf	c) Vertrieb
4. a) Ihnen	b) sie	c) Sie
5. a) Einblick	b) Ausblick	c) Weitblick
6. a) bringen	b) nehmen	c) geben
7. a) Arbeit	b) Zusammenarbeit	c) Mitarbeit
8. a) Bescheid	b) Benachrichtigung	c) Nachricht
9. a) dankerfüllt	b) dankenswert	c) dankbar
10. a) ca.	b) u.a.	c) i.A.

7. Bewerbung

Robert Samson
45 Brompton Road
GB-London
SW 1B 7LB

Stix AG
Postfach 68 75
D-99005 Erfurt

London, den 8. April ....

Bewerbung als Vertriebsleiter

Sehr geehrte Damen und Herren,

ich beziehe mich auf das Stellenangebot auf Ihrer Web-Seite und möchte mich um die ___1___ des Vertriebsleiters in Ihrem Unternehmen ___2___ .

Nach meinem Studium der Betriebswirtschaftslehre an der Universität London und dem Abschluss ___3___ Diplomkaufmann war ich 10 Jahre im Vertrieb eines Stahlunternehmens ___4___ , wo ich für den Aufbau eines Vertriebsnetzes im Ausland ___5___ war. Ich ___6___ daher über viel ___7___ in den Bereichen Vertrieb, Marketing und Werbung sowie in der Zusammenarbeit mit ausländischen Mitarbeitern.

Als Vertriebsleiter könnte ich mein berufliches Engagement voll einbringen und meine Kenntnisse für Ihren Betrieb ___8___ einsetzen.

Über ein ___9___ mit Ihnen würde ich mich ___10___ .

Mit freundlichen Grüßen

Robert Samson
Robert Samson

Anlagen: Lebenslauf
              Zeugnisse

1.	a) Stelle	b) Stellung	c) Vorstellung
2.	a) ansuchen	b) ersuchen	c) bewerben
3.	a) als	b) vom	c) wie
4.	a) tatkräftig	b) tätig	c) tatenlos
5.	a) verdächtig	b) verpflichtet	c) verantwortlich
6.	a) verfüge	b) verbringe	c) vergebe
7.	a) Ergebnis	b) Bekanntschaft	c) Erfahrung
8.	a) gewinnend	b) gewinnträchtig	c) gewinnbringend
9.	a) Gespräch	b) Unterhaltung	c) Besprechung
10.	a) besinnen	b) freuen	c) bemühen

8. Reservierung eines Hotelzimmers

Nippon Computer
4B Halamatsam-cho · Manato-ku, Tokyo 102-0075

Hotel Heller
Unter den Linden 8

D-10624 Berlin

20. 03. . . . .

Zimmerreservierung

Sehr geehrte Damen und Herren,

drei unserer ___1___ werden an dem in ___2___ Hotel stattfindenden Seminar »Neue Technologien im Be-
trieb« ___3___. Wir würden daher gern ___4___ 30. Mai ___5___ 2. Juni ___6___ drei Einzelzimmer mit Bad
oder Dusche und WC reservieren.
Könnten ___7___ uns bitte einen Stadtplan und Informationen über Abendveranstaltungen wie Theater,
Oper, Kabarett usw. ___8___.
Für die ___9___ unserer Reservierung danken wir ___10___ im Voraus.

Mit freundlichen Grüßen

Kilimatsu   *Yamamoto*
Kilimatsu Yamamoto

1.	a) Mitarbeiter	b) Stellvertreter	c) Bewerber
2.	a) Ihrem	b) unserem	c) deinem
3.	a) teilhaben	b) teilnehmen	c) sich beteiligen
4.	a) vom	b) um	c) von
5.	a) bis zum	b) auf	c) zu
6.	a) Hj.	b) p.a.	c) d.J.
7.	a) sie	b) Sie	c) du
8.	a) wegschicken	b) senden	c) aufgeben
9.	a) Aufnahme	b) Anteilnahme	c) Bestätigung
10.	a) Ihnen	b) Sie	c) dir

D   Erläuterung einer Grafik

Wählen Sie den passenden Ausdruck und markieren Sie den entsprechenden Buchstaben: a, b, c oder d.
Eine Antwort ist richtig.

1. Spitzentrio der Weltwirtschaft

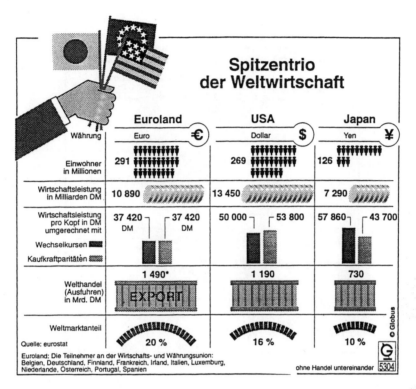

Drei große Wirtschaftsräume __1__ die Weltwirtschaft am Ende des Jahrtausends: Die USA, Japan und Euroland. Denn mit der __2__ des Euro am ersten Januar 1999 als __3__ in elf Ländern der EU entstand auf einen Schlag der größte Wirtschafts-__4__ der Welt mit 291 Millionen Menschen. Bei der Wirtschaftsleistung wurde der Euro-Raum aber noch über-__5__ von der Stärke der USA, und auch bei der __6__ auf Pro-Kopf-Größen sahen die Euro-__7__ die Japaner vorbeiziehen. Kein Wunder, zählten doch zum Euroland einerseits wirtschaftlich starke Länder wie Deutschland oder __8__ , aber auch __9__ wie Portugal oder Spanien. Beim internationalen Handel nahm dann die Eurozone wieder den Spitzenplatz ein. Mit einem __10__ von 20 Prozent am Welthandel war das Gewicht doppelt so groß wie das der japanischen Exportwirtschaft.

1. a) herrschen	b) überdecken	c) dominieren	d) überordnen
2. a) Einsetzung	b) Instandsetzung	c) Introduktion	d) Einführung
3. a) Buchgeld	b) Bargeld	c) Wechselgeld	d) Kleingeld
4. a) -zone	b) -gebiet	c) -raum	d) -region
5. a) -nommen	b) -troffen	c) -ragt	d) -hoben
6. a) Umwälzung	b) Umrechnung	c) Umverteilung	d) Umleitung
7. a) Leute	b) Männer	c) Genossen	d) Bürger
8. a) Portugal	b) Polen	c) Griechenland	d) Frankreich
9. a) mächtigere	b) solidere	c) finanzstärkere	d) schwächere
10. a) Teil	b) Quote	c) Teilung	d) Anteil

25

2. Die ec-Karte

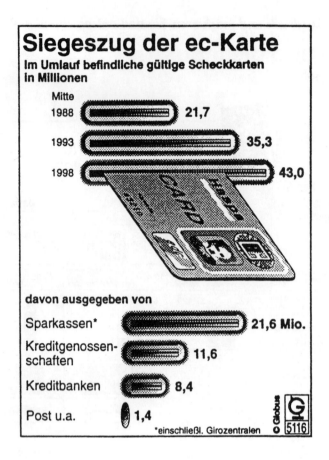

Ob auf Reisen oder beim Einkaufs-___1___ , im Restaurant oder im Kaufhaus, überall in Deutschland und im europäischen Ausland ist die ec-Karte als ___2___ gern gesehen. An vielen Kassen kommt der Karten-___3___ auch ohne Euroschecks aus: Unterschrift oder ___4___ der Geheimnummer genügen. Außerdem bieten Geldautomaten im In- und Ausland ___5___ rund um die Uhr. Die ec-Karte kann auf eine erfolgreiche Karriere zurückblicken. So waren nach einer ___6___ der Deutschen Bundesbank vor etwa zehn Jahren knapp 22 Millionen Scheckkarten im ___7___ ; heute sind es über 43 Millionen.

1.	a) -fahrt	b) -rummel	c) -gang	d) -bummel
2.	a) Mittel	b) Zahlung	c) Barzahlung	d) Zahlungsmittel
3.	a) -ständer	b) -inhaber	c) -leger	d) -automat
4.	a) Vergabe	b) Zugabe	c) Ausgabe	d) Eingabe
5.	a) Schecks	b) Wechsel	c) Bargeld	d) Giralgeld
6.	a) Forschung	b) Erhebung	c) Nachfrage	d) Anfrage
7.	a) Verlauf	b) Auslauf	c) Umlauf	d) Einlauf

3. Der Euro und die Industrie

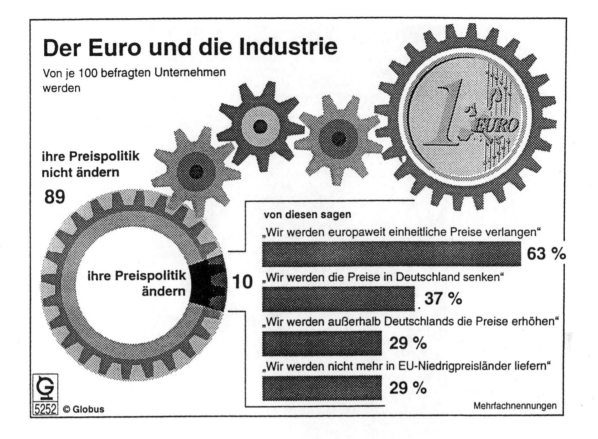

Die Euro-__1__ und -münzen gibt es zwar erst ab dem Jahr 2002, doch der gemeinsame Währungs-__2__ mit festen Wechselkursen ist schon seit Anfang 1999 Realität; Unternehmen, die ins europäische Ausland liefern, müssen sich nun darauf __3__ . Weil das Wechselkurs-__4__ entfällt und Devisentransaktionen viel billiger werden, fallen auch die Preis-__5__ in Europa leichter. Für viele Unternehmen heißt das: Der Preis-__6__ nimmt zu. Reimporte nach Deutschland werden erleichtert, daher darf das Preis-__7__ zwischen Deutschland und den Euro-Ländern nicht zu groß sein; und in manchen Ländern werden __8__ deutsche Produkte schlicht nicht mehr konkurrenz-__9__ sein.

1.	a) -tickets	b) -billets	c) -scheine	d) -papiere
2.	a) -gebiet	b) -zone	c) -standort	d) -raum
3.	a) orientieren	b) einstellen	c) ergeben	d) abfinden
4.	a) -risiko	b) -gefahr	c) -wagnis	d) -gefährdung
5.	a) -konkurse	b) -vergleiche	c) -vergaben	d) -stürze
6.	a) -bewerbung	b) -gewerbe	c) -wettbewerb	d) -konkurrenz
7.	a) -unterschied	b) -gefälle	c) -schere	d) -skala
8.	a) expansive	b) teure	c) preisgünstige	d) verschleuderte
9.	a) -möglich	b) -fähig	c) -tauglich	d) -geeignet

4. Mobbing

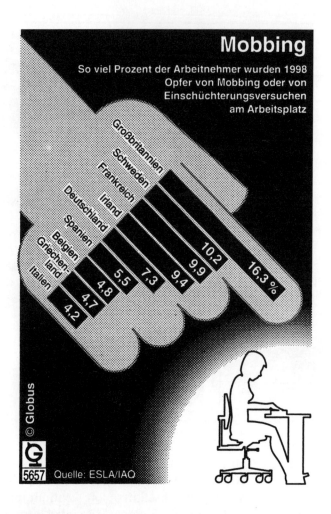

Gespräche bei Erscheinen eines __1__ abrupt beenden, über ihn lästern, soziale Kontakte verweigern, die Arbeits-__2__ falsch oder kränkend beurteilen, jemandem sinnlose Tätigkeiten zuweisen oder ihn bei der Arbeitsverteilung __3__, wichtige Informationen vor-__4__ – es gibt noch zahlreiche andere Beispiele für Mobbing am Arbeitsplatz. Die Europäische Stiftung für Lebens- und Arbeitsbedingungen hat in einer __5__ herausgefunden, dass im vergangenen Jahr in Europa rund zwölf Millionen Menschen __6__ von Mobbing oder Einschüchterungsversuchen am __7__ geworden sind. Besonders verbreitet ist diese __8__ im Arbeitsalltag in Großbritannien. Auch in Schweden, in Frankreich und in __9__ wird kräftig gemobbt. In Deutschland waren über sieben Prozent der __10__ betroffen. Weit weniger verbreitet ist das Mobbing in den südeuropäischen Ländern.

1. a) -Freundin	b) Vorgesetzte	c) Inspektoren	d) Kollegen
2. a) -zeit	b) -leistung	c) -pause	d) -losigkeit
3. a) vergehen	b) beschenken	c) übergehen	d) verschenken
4. a) -werfen	b) -nehmen	c) -enthalten	d) -ziehen
5. a) Studium	b) Examen	c) Prüfung	d) Untersuchung
6. a) Opfer	b) Anhänger	c) Verteidiger	d) Befürworter
7. a) Büro	b) Arbeitsplatz	c) Fabrik	d) Warenhaus
8. a) Trend	b) Verhalten	c) Benehmen	d) Schikane
9. a) Irland	b) Schweiz	c) USA	d) Niederlande
10. a) Kollege	b) Arbeitslosen	c) Beschäftigten	d) Rentner

5. Die Konkurrenz der Näherinnen

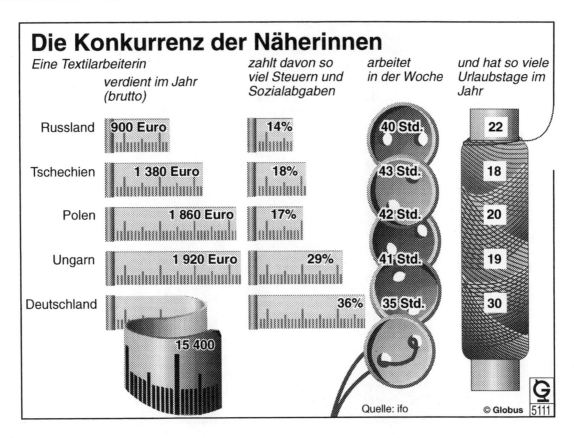

Die Konkurrenz der Näherinnen

	Eine Textilarbeiterin verdient im Jahr (brutto)	zahlt davon so viel Steuern und Sozialabgaben	arbeitet in der Woche	und hat so viele Urlaubstage im Jahr
Russland	900 Euro	14%	40 Std.	22
Tschechien	1 380 Euro	18%	43 Std.	18
Polen	1 860 Euro	17%	42 Std.	20
Ungarn	1 920 Euro	29%	41 Std.	19
Deutschland	15 400	36%	35 Std.	30

Quelle: ifo   © Globus 5111

In der Textilindustrie sehen die mittel- und osteuropäischen Länder eine große __1__ . Westliche Bekleidungsfirmen investieren in großem __2__ und nutzen die Standorte in Russland, Polen, Tschechien oder Ungarn zur __3__ für die Weltmärkte. Die großen Kombinate, die unmodern und in schlechter Qualität ihr __4__ zu erfüllen suchten, gehören längst der Vergangenheit an. Statt dessen wirken niedrige Lohn-__5__, handwerkliches __6__ und die günstige geografische Lage zwischen Europa und Asien wie ein __7__ für Firmen aus Österreich, den __8__, Italien und nicht zuletzt aus Deutschland.

1.	a) Glück	b) Angelegenheit	c) Chance	d) Opportunität
2.	a) Volumen	b) Umfang	c) Menge	d) Quantität
3.	a) Installierung	b) Instandsetzung	c) Produktion	d) Reparatur
4.	a) Plansoll	b) Muss	c) Planspiel	d) Können
5.	a) -kosten	b) -gebühren	c) -gelder	d) -belastung
6.	a) Adresse	b) Kunst	c) Kenntnis	d) Geschick
7.	a) Abweisung	b) Magnet	c) Anziehung	d) Anzug
8.	a) Spanien	b) Griechenland	c) Niederlanden	d) Belgien

6. Lustlose Kundschaft

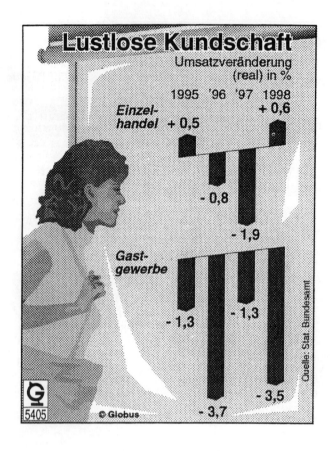

Die __1__ in Deutschland haben in den letzten Jahren ihr Geld festgehalten. __2__ der hohen Arbeitslosigkeit und geringer Einkommens-__3__ sowie steigender Abgaben ist das kein Wunder. __4__ von dieser Entwicklung waren besonders der Einzelhandel und das Gast-__5__. Viele Bundesbürger __6__ sich weniger, Kunden blieben weg, und die __7__ gingen zurück. Einen winzigen Lichtblick gab es beim Einzelhandel: __8__ seit fünf Jahren registrierte die Branche wieder ein leichtes Umsatz-__9__ in den Ladenkassen. Im Gastgewerbe hat sich dagegen die __10__ noch beschleunigt.

1.	a) Kaufleute	b) Verbraucher	c) Grossisten	d) Konsumgesellschaft
2.	a) Vor	b) Gegenüber	c) Angesichts	d) Zufolge
3.	a) -zuwächse	b) -anwachsen	c) -vergrößerung	d) -schwund
4.	a) Betreffs	b) Ausgenommen	c) Betroffen	d) Innerhalb
5.	a) -sektor	b) -gewerbe	c) -wirtschaft	d) -erwerb
6.	a) offerierten	b) boten	c) schenkten	d) leisteten
7.	a) Umsätze	b) Verluste	c) Einsätze	d) Einbußen
8.	a) Erstens	b) Erstmals	c) Zuerst	d) Erstlich
9.	a) -Mehr	b) -Bonus	c) -Plus	d) -Minus
10.	a) Gebirgstour	b) Höhenflug	c) Talfahrt	d) Pauschalreise

7. Keine Angst vorm Computer

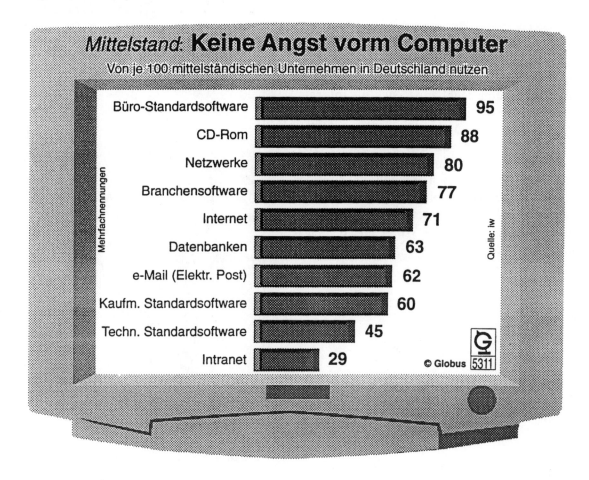

Mittelstand: Keine Angst vorm Computer
Von je 100 mittelständischen Unternehmen in Deutschland nutzen

Büro-Standardsoftware	95
CD-Rom	88
Netzwerke	80
Branchensoftware	77
Internet	71
Datenbanken	63
e-Mail (Elektr. Post)	62
Kaufm. Standardsoftware	60
Techn. Standardsoftware	45
Intranet	29

Mehrfachnennungen   Quelle: iw

© Globus 5311

Wer einen qualifizierten __1__ haben möchte, darf keine Angst vor den elektronischen __2__ des Alltags haben. Denn nicht nur in Großbetrieben, auch in mittel-__3__ Unternehmen ist der Einsatz des Computers an der __4__ . 95 Prozent der Mittel-__5__ verwenden Büro-Standard-__6__ , also beispielsweise Textverarbeitungs- und Tabellenkalkulationsprogramme, in 77 Prozent der Betriebe wird branchen- und unternehmens-__7__ Software genutzt. Auch bei der Hardware und der Computer-__8__ geht der Mittelstand mit der Zeit: Die CD-ROM-Technologie hat in 88 Prozent der Betriebe __9__ gehalten, 80 Prozent besitzen ein Computer-Netzwerk, und über Internet-Zugang __10__ mit 71 Prozent mehr als zwei Drittel der Unternehmen.

1.	a) Pöstchen	b) Stelle	c) Arbeit	d) Arbeitsplatz
2.	a) Duellen	b) Zweikämpfen	c) Förderungen	d) Herausforderungen
3.	a) -meerischen	b) -mäßigen	c) -ständischen	d) -alterlichen
4.	a) Tagesordnung	b) Tagesleistung	c) Arbeitsprogramm	d) Produktionsplanung
5.	a) -ständler	b) -steher	c) -steller	d) -ständer
6.	a) -software	b) -hardware	c) -maschinen	d) -apparate
7.	a) -bezügliche	b) -bezogene	c) -beziehende	d) -beziehbare
8.	a) -verkabelung	b) -vermählung	c) -verschmelzung	d) -vernetzung
9.	a) Einzug	b) Eingang	c) Einfahrt	d) Eintritt
10.	a) bedienen sich	b) verfügen	c) gebrauchen	d) verwenden

31

8. Die Welt geht online

Immer mehr Menschen __1__ durch das weltweite Datennetz. Auf der __2__ nach Informationen oder Unterhaltung, zum virtuellen Shopping oder zum __3__ von Nachrichten begeben sie sich ins Internet. Prognosen __4__ wird sich die Zahl der Surfer mit großem __5__ erhöhen. Die weltumspannende Daten-__6__ wird vor allem von den US-Amerikanern und Europäern __7__; zusammen machen sie 70 Prozent der Surfer aus. In Deutschland soll die Zahl der Internet- und Online-Nutzer binnen zwei Jahren von __8__ 6,4 auf 7,2 Millionen steigen. Entsprechend hoffnungsvoll sind die __9__ der Wirtschaft, dass sich in Zukunft glänzende Geschäfte __10__ das Internet machen lassen.

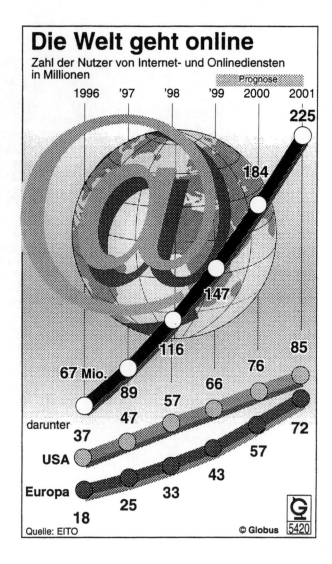

Die Welt geht online
Zahl der Nutzer von Internet- und Onlinediensten in Millionen

	1996	'97	'98	Prognose '99	2000	2001
						225
				184		
			147			
		116				85
	67 Mio.	89	57	66	76	
darunter	37	47				72
USA				43	57	
Europa	18	25	33			

Quelle: EITO   © Globus 5420

1.	a) laufen	b) surfen	c) bummeln	d) schweben
2.	a) Sucht	b) Begierde	c) Jägerei	d) Suche
3.	a) Wechseln	b) Vertauschen	c) Verwechseln	d) Austausch
4.	a) zufolge	b) danach	c) entgegen	d) gegenüber
5.	a) Schnelligkeit	b) Tempo	c) Moderato	d) Geschwindigkeit
6.	a) -geleise	b) -route	c) -straßenbahn	d) -autobahn
7.	a) genutzt	b) verbraucht	c) gefahren	d) geführt
8.	a) damalig	b) zeitlich	c) derzeit	d) künftig
9.	a) Abrechnungen	b) Erwartungen	c) Forderungen	d) Fehleinschätzungen
10.	a) ins	b) über	c) durch	d) auf

E   Anzeigen

Wählen Sie den passenden Ausdruck und markieren Sie den entsprechenden Buchstaben: a, b, c oder d.
Eine Antwort ist richtig.

1. Deutsche Post

__1__-holen und __2__-stellen an Samstagen: bei der Post ohne Aufpreis.

Bei anderen bezahlen Sie teuer, __3__ bei uns selbstverständlich ist: __4__ an
fünf Tagen holen wir Ihre Pakete an sechs Tagen ab oder liefern sie aus –
ohne Aufpreis für den Samstag.
Damit __5__ wir Ihnen 20% mehr Service als andere – und geben Ihnen so
einen __6__-tag kostenlos dazu.
Wichtig für alle, die auch an Wochenenden für ihre Kunden da sind. Auf die
schnellen Laufzeiten im 24-Stunden-Takt können Sie sich immer __7__:
garantiert durch das modernste Logistiksystem Europas.

Testen Sie das schnelle Post-Paket: 0180/5 20 16
Anruf genügt. Unser Geschäftskunden-Service ist für Sie da:
Montag bis Freitag 9.00–20.00, Samstag 9.00–16.00 Uhr.

Deutsche Post __8__

1.	a) Ab-	b) Zu-	c) Ein-	d) Aus-
2.	a) Be-	b) An-	c) Ab-	d) Zu-
3.	a) wo	b) was	c) dass	d) das
4.	a) Ob	b) Statt	c) Wegen	d) Trotz
5.	a) servieren	b) beten	c) bieten	d) bitten
6.	a) Werk-	b) Fabrik-	c) Hotel-	d) Sonn-
7.	a) auslassen	b) anlassen	c) zulassen	d) verlassen
8.	a) AG	b) OHG	c) GmbH	d) KG

2. ERGO

Mit dem __1__-schluss zu ERGO haben wir als vier der __2__ deutschen Versicherer das Fundament für unseren Erfolg im neuen Europa gelegt. Konsequent schöpfen wir nun Synergiepotenziale aus. So haben wir gemeinsame Produkte entwickelt und werden __3__ gemeinsam regulieren. Verwaltungsgebäude __4__ wir gemeinsam, und in die Software __5__ das Know-how aller Partner. Um bessere Renditen zu __6__ , gründen wir eine eigene Vermögensverwaltungsgesellschaft. So schaffen wir beste Voraussetzungen für den europäischen Markt. ERGO: Ein Konzept, das __7__ .
__8__ Informationen unter 0 18 03/230 230 und im Internet: http://www.ergo.de

1. a) Ab-	b) Zusammen-	c) Ein-	d) Aus-
2. a) herrschenden	b) bestimmenden	c) führenden	d) leitenden
3. a) Schäden (Pl.)	b) Not	c) Nachteile (Pl.)	d) Abfälle (Pl.)
4. a) genießen	b) brauchen	c) nutzen	d) beschaffen
5. a) läuft	b) rinnt	c) gleitet	d) fließt
6. a) erzielen	b) treffen	c) finden	d) sammeln
7. a) weggeht	b) ausgeht	c) abgeht	d) aufgeht
8. a) Weitere	b) Andere	c) Verschiedene	d) Außerordentliche

3. Arbeit für Junge

Arbeit für Junge,
Geld für Ihr Unternehmen

100 000 Jobs für Junge

Geben Sie jetzt jungen Menschen unter 25 Arbeit - die __1__ 3 Monate arbeitslos sind und denen längere Arbeitslosigkeit __2__ - dann kann Ihr Unternehmen __3__ zu Lohn oder __4__ erhalten. Bis zu 60 Prozent zur Überbrückung der __5__-zeit für ein Jahr oder bis 40 Prozent für zwei Jahre. Das steht im Sofortprogramm »100 000 Jobs für Junge«. __6__ Sie jungen Menschen die Chance, zu zeigen, was in ihnen steckt.

Es __7__ sich. Für beide __8__.

Wichtig! Erst Förderung beim Arbeitsamt __9__, dann __10__.

Rufen Sie an, kostenlos!

0 8000 – 100 001
www.100000jobs.de

 Die Bundesregierung   **Bundesanstalt für Arbeit**   EUROPÄISCHE GEMEINSCHAFT
Europäischer Sozialfonds

1.	a) minder	b) mindest	c) mindestens	d) mindere
2.	a) schädigt	b) bedroht	c) beschädigt	d) droht
3.	a) Beschlüsse	b) Zuschüsse	c) Verluste	d) Probleme
4.	a) Sold	b) Gage	c) Honorar	d) Gehalt
5.	a) Einarbeitungs-	b) Einführungs-	c) Einbürgerungs-	d) Einfahr-
6.	a) Geben	b) Übermitteln	c) Verleihen	d) Übertragen
7.	a) würdigt	b) lohnt	c) bewertet	d) müht
8.	a) Stellen	b) Teile	c) Lagen	d) Seiten
9.	a) bitten	b) fragen	c) beantragen	d) fördern
10.	a) entlassen	b) bestellen	c) erlassen	d) einstellen

4. SAP

Projektarbeit –

Internationalität ist bei **SAP**

[Claus Grünewald, Jacqueline Yildirim]

tägliches **Geschäft!**

Die Aufgaben bei SAP sind vielfältig wie die Welt, in der sich unsere Systeme ___1___ . Immer wieder treffen wir auf andere Mentalitäten und erfüllen landesspezifische Kunden-___2___. Durch mulitkulturelles Denken, Kreativität und Flexibilität sind wir als Global Player auf dem Gebiet betriebswirtschaftlicher ___3___ -software so erfolgreich: mit Kunden in allen Erdteilen, ___4___ in 50 Ländern und mehr als 18 000 Mitarbeitern unterschiedlicher Nationalitäten.

Haben Sie Ihr Studium – (Wirtschafts-)Informatik, Betriebswirtschaftslehre, (Wirtschafts-)Ingenieurwesen, Mathematik oder Physik – erfolgreich ___5___ und vielleicht sogar schon IT- und Programmierkenntnisse ___6___? Dann sollten Sie unbedingt einen unserer Bereiche Entwicklung, Service & Support kennen lernen: Wir denken interdisziplinär und ___7___ auf professionelles Teamwork in motivierender Arbeitsatmosphäre – und nicht auf Bürokratie oder Hierarchien.

Die SAP AG tut eine ___8___, um Sie mit Ihren Skills stets an der internationalen Spitze zu halten: von aktiver Personal-___9___ bis hin zu individuellen Trainingsmaßnahmen. Möchten Sie mehr wissen? ___10___ Sie nach unter http://www.sap.com

1.	a) bewähren	b) bewahren	c) währen	d) verwahren
2.	a) -bedarf	b) -wünsche	c) -not	d) -nötigung
3.	a) Benutzungs-	b) Verwendungs-	c) Anwendungs-	d) Nutzen-
4.	a) Praxen	b) Antennen	c) Praktiken	d) Vertretungen
5.	a) gefertigt	b) resolviert	c) abgeschlossen	d) aufgenommen
6.	a) versammelt	b) gesammelt	c) gehäuft	d) thesaurisiert
7.	a) setzen	b) legen	c) stellen	d) stecken
8.	a) Unendlichkeit	b) Menge	c) Vielfalt	d) Masse
9.	a) -entmündigung	b) -vermehrung	c) -entwicklung	d) -entlassung
10.	a) Laufen	b) Wenden	c) Treten	d) Schauen

5. KölnMesse

D I E N S T L E I S T U N G S Q U A L I T Ä T

... ohne Messe-Stress!

Kölner Messen __1__, machen den Kopf frei für die Konzentration auf das __2__. Denn hier versteht man Service noch als umfassenden Dienst am __3__ - vom ersten Kontakt bis zum letzten __4__.

Full-Service im Vorfeld: von A wie __5__-beratung bis Z wie Zimmer-__6__ Dienstleistung pur auf den Messen selbst: elektronisches Besucher-Informations-__7__ und alles, was zu einer Rundum-__8__ gehört. Dazu Service-Fazilitäten wie Banken und Sparkassen, Reisebüro, Post, __9__ der Deutschen Bahn, Check-in-Counter der Lufthansa und eine Messe-Gastronomie für jeden __10__.
Kölner Dienstleistungs-Qualität: Erfolg stressfrei genießen!

1. a) stressen   b) nerven   c) entstressen   d) beklemmen
2. a) Job   b) Tätigkeitsbereich   c) Dienst   d) Geschäft
3. a) Mann   b) Kunden   c) Gerät   d) Apparat
4. a) Ausgang   b) Eintritt   c) Auftritt   d) Phase
5. a) Anfahrts-   b) Automaten-   c) Aussteller-   d) Anfänger-
6. a) -reservate   b) -reserven   c) -reservierung   d) -reservation
7. a) -system   b) -dienst   c) -möglichkeit   d) -stelle
8. a) Beschäftigung   b) Betreuung   c) Okkupation   d) Bedienung
9. a) Luftkissen   b) Schalter   c) Rettungsboote   d) Landungsbrücken
10. a) Gehör   b) Gesicht   c) Geschmack   d) Gefühl

6. Deutsche Bank

Deutsche Bank. Die Aktie.

Zukunft ist jetzt.

Die Deutsche Bank ist auf Zukunfts-__1__. Heute.

- Verstärkter __2__ unserer Spitzenposition in Europa.
- Weltweite __3__-strategie durch __4__ von *Bankers Trust*.
- Verbesserte Kosten-__5__.

__6__ auch Sie davon. Als Aktionär der Deutschen Bank. Mit den neuen Aktien im __7__ der bevorstehenden Kapital-__8__.
Deutsche Bank. Die Aktie.

1.	a) -kurs	b) -weg	c) -bahn	d) -richtung
2.	a) Entwicklung	b) Orientierung	c) Ausbau	d) Bau
3.	a) Zuwachs-	b) Wachstums-	c) Anwachs-	d) Wuchs-
4.	a) Annahme	b) Übernahme	c) Zunahme	d) Entnahme
5.	a) -kraft	b) -macht	c) -effizienz	d) -steigerung
6.	a) Genießen	b) Profitieren	c) Brauchen	d) Benützen
7.	a) Kreis	b) Umfang	c) Kader	d) Rahmen
8.	a) -senkung	b) -erhöhung	c) -abnahme	d) -versteigerung

7. Geschäftsbank

___1___ mit Ihren Zielen ist unser Weg zum gemeinsamen Erfolg.

Als eine der ___2___ Geschäftsbanken ___3___ wir uns auf die speziellen ___4___ professioneller Kunden. Und arbeiten wie Sie: professionell.

Unsere ___5___ in allen nationalen und internationalen Finanzfragen sind so individuell wie Ihre Ziele. Dazu ___6___ unser Leistungsspektrum und unser Erfahrungs-___7___.

Wir bauen auf faire Zusammenarbeit. Sie führt zu langfristiger ___8___, sie lässt uns Verbindungen ___9___ und Ziele gemeinsam besser erreichen.

Weitere Informationen ___10___ Sie im Internet unter http://gesbank.de

1. a) Einigung	b) Verantwortung	c) Identifikation	d) Verabredung
2. a) fahrenden	b) führenden	c) laufenden	d) gehenden
3. a) befassen	b) beschäftigen	c) basieren	d) konzentrieren
4. a) Beförderungen	b) Anforderungen	c) Erforschungen	d) Förderungen
5. a) Auslösungen	b) Auflösungen	c) Lösungen	d) Lose
6. a) helfen	b) beitragen	c) befähigen	d) dienen
7. a) -vorsprung	b) -vorschuss	c) -vorfahrt	d) -vorlauf
8. a) Partnerschaft	b) Leidenschaft	c) Freundlichkeit	d) Zärtlichkeit
9. a) schöpfen	b) nutzen	c) abnützen	d) entstehen
10. a) behalten	b) erreichen	c) treffen	d) erhalten

8. Braunkohle

Unsere Braunkohle bringt einiges in Bewegung.
Schon ihre Gewinnung und die weitere __1__ geben vielen Menschen Arbeit. Insbesondere __2__ sie in Form von preiswertem Strom den Produktions-__3__ Deutschland und unseren Fort-__4__ gleich mit.

Wir setzen unsere Braunkohle überwiegend zur Strom-__5__ ein. Damit sichern wir gut ein Viertel des Bedarfs in unserem Land und __6__ der deutschen Wirtschaft international konkurrenzfähige Energie. Dass wir damit auch eine der zentralen Voraussetzungen für wettbewerbsfähige Arbeitsplätze __7__, macht die Braunkohle besonders __8__.

Braunkohle ist ein __9__ subventionsfreier Energielieferant und ein Wirtschaftsfaktor ersten __10__. Weitere Informationen geben wir Ihnen gerne. Eine Postkarte oder ein Fax mit dem __11__ »Wirtschaft« genügt. Oder __12__ Sie uns einfach im Internet.

1.	a) Erarbeitung	b) Bearbeitung	c) Überarbeitung	d) Verarbeitung
2.	a) hilft	b) dient	c) fördert	d) schädigt
3.	a) -zentrum	b) -standort	c) -stelle	d) -anlagen
4.	a) -tritt	b) -schritt	c) -kommen	d) -lauf
5.	a) -erzeugung	b) -abnahme	c) -sperre	d) -entnahme
6.	a) beliefern	b) schaffen	c) liefern	d) erschaffen
7.	a) geben	b) liefern	c) erheben	d) schaffen
8.	a) unnütz	b) wertlos	c) nutzlos	d) wertvoll
9.	a) überflüssiger	b) unverzichtbarer	c) unnötiger	d) unmöglicher
10.	a) Niveaus	b) Ebene	c) Reihe	d) Ranges
11.	a) Kennzahl	b) Pass	c) Stichwort	d) Kode
12.	a) versuchen	b) besuchen	c) aufsuchen	d) nachsuchen

A   Deklination

Wählen Sie die richtige Antwort: a, b, c oder d. <u>Eine</u> Antwort ist richtig.

1.   Die Lage auf dem Arbeitsmarkt ist alles ander___ als rosig.
   a) -s   b) -e   c) -es   d) -en

2.   Immer mehr Käufe werden nicht von Erspart___ getätigt.
   a) -en   b) -nissen   c) -es   d) -em

3.   Viele Arbeitslos___ warten auf eine Chance.
   a) -en   b) -er   c) -igkeit   d) -e

4.   Die beid___ Problem___ sind nicht leicht zu lösen.
   a) -e / -e   b) -en / -e   c) -en / -en   d) -e / -en

5.   Bei steigend__ Erwerbstätigkeit wäre die Sozialversicherung entlastet.
   a) -em   b) -ø   c) -er   d) -en

6.   Ein Angelernt___ wird es auf dem Arbeitsmarkt von morgen schwer haben.
   a) -er   b) -ø   c) -e   d) -es

7.   Franzos___ und Deutsch___ sind vollberechtigte EU-Bürger.
   a) -e / -e   b) -en / -en   c) -en / -e   d) -e / -en

8.   Sehr geehrt___ Damen und Herren,
   a) -en   b) -esten   c) -er   d) -e

9.   An erst___ Stelle der Umsatzliste stehen deutsche Firmen.
   a) -er   b) -em   c) -e   d) -ø

10.   Mit schwarz___ Kaffee ist kein groß___ Geld zu verdienen.
   a) -ø / -es   b) -em / -es   c) -er / -ø   d) -en / -̈er

11.   Dank stark___ Arbeitgeberverbände hat das deutsche Modell lange funktioniert.
   a) -em   b) -er   c) -e   d) -̈ere

12.   Für viele Unternehmen ist der EU-Markt ein___ groß___ Vorteil.
   a) -en / -en   b) -ø / -es   c) -ø / -er   d) -es / -e

13.   Im Innersten seines _____ hat ein jeder Angst um seinen Arbeitsplatz.
   a) Herz   b) Herzen   c) Herzens   d) Herzenswunsch

14.   Der wahre Luxus: Teur___ mit Preiswert___ mixen.
   a) -ø /-en   b) -en / -es   c) -es / -ø   d) -es / -em

15.   Heute wird jed___ zweite erarbeitete Euro ...
   a) -e   b) -s   c) -en   d) -er

16.   ... für Sozial___ ausgegeben.
   a) -e   b) -em   c) -ø   d) -es

17.   Ein Deutsch___ , der heute geboren wird, ...
   a) -mann   b) -e   c) -länder   d) -er

18.   ..., hat ein längeres Leben vor _____ als seine Urgroßeltern.
   a) ihm   b) ihn   c) sich   d) ø

19.   Mit vorzüglich___ Hochachtung.
   a) -er   b) -em   c) -en   d) -eren

20.   Zu unser___ groß___ Bedauern können wir Ihre Rechnung nicht begleichen.
   a) -en / -en   b) -em / -en   c) -em / -em   d) -er / -en

21. Kaum _____ weiß, was er den Betrieb kostet.
   a) eines   b) ein   c) einer   d) einen

22. Alles in _____ erreichen die Kosten 45 Milliarden Euro.
   a) alles   b) allem   c) allen   d) alle

23. Die ec-Karte ermöglicht das Bezahlen klein__ Summen.
   a) -sten   b) -erer   c) -ere   d) -e

24. In kleineren Betrieben kennt fast _____ _____ .
   a) jeder jeder   b) jeder jeden   c) jeden jeden   d) jeden ø

25. Vor kurz__ ist er entlassen worden.
   a) -er   b) ø   c) -lich   d) -em

26. _____ ist gekündigt worden.
   a) Er   b) Ihn   c) Ihrer   d) Ihm

27. _____ der wichtigsten Konjunkturmotoren läuft nicht gut.
   a) Eines   b) Einer   c) Ein   d) Eins

28. Bald werden weitere groß__ Anbieter auf dem Telefonmarkt sein.
   a) -er   b) -en   c) -e   d) -ø

29. Fast 12% aller neu__ Anlagen werden gemietet.
   a) -er   b) -en   c) -ø   d) -euer

30. Das Saarland ist _____ der kleinsten Bundesländer.
   a) einen   b) einer   c) ein   d) eines

31. Die Wirtschaftsleistung je Erwerbstätig__ hat zugenommen.
   a) -ø   b) -er   c) -en   d) -em

32. Wegen veraltet__ technisch__ Anlagen hat die Firma Probleme.
   a) -er / -er   b) -en / -er   c) -er / en   d) -ø / -en

33. Ist Deutschland ein Einwanderungsland oder ist es _____ ?
   a) kein   b) keiner   c) keine   d) keines

34. Entscheidend ist, _____ Gesellschaftsschicht man angehört.
   a) zu welcher   b) an welcher   c) welcher   d) welche

35. Vorig__ Jahr__ haben wir einen hohen Gewinn erzielt.
   a) -es / -ø   b) -en / -es   c) -em / -ø   d) -ø / -ø

36. Berlin ist eine Millionenstadt mit _____ , was dazugehört.
   a) allen   b) alles   c) all   d) allem

37. Wer keinen Konkurrent__ hat, dem fehlt der Anreiz zur Innovation.
   a) -ø   b) -er   c) -e   d) -en

38. Hier arbeitet eine Gruppe hochbezahlt__ Expert__ .
   a) -en / -en   b) -er / -en   c) -en / -e   d) -e / -e

39. Die _____ unter den Großen im Lebensmittelhandel ist die Metro-Gruppe.
   a) groß   b) größtens   c) Größten   d) Größte

40. Berufsbildung: Examen der deutsch__-französisch__ Handelskammer.
   a) -en / -en   b) -ø / -en   c) -ø / -ø   d) -en / -ø

41. Größe und Art der Artikel finden Sie auf beiliegend__ Bestellschein.
   a) -en   b) -er   c) -ø   d) -em

42. In den fünf__ neuen Bundesländern ist die Umweltbelastung hoch.
   a) -en   b) -ten   c) -er   d) -ø

43. Mit freundlich___ Gruß / Mit freundlich___ Grüßen.
    a) -em / -en   b) -st / -en   c) -er / -em   d) eren / -erem

44. Wir brauchten Artikel best___ Qualität ...
    a) -en   b) -ens   c) -ø   d) -er

45. ... aus best___ Material.
    a) ø   b) -es   c) -ens   d) -em

46. Unerwartete Problem___ sind aufgetreten.
    a) -e   b) -s   c) -en   d) -a

47. Das Motto der Sozialversicherung: _____ für alle, ...
    a) eines   b) eine   c) einer   d) ein

48. ..., alle für_____ .
    a) eine   b) einer   c) eins   d) einen

49. Wir brauchen _____ effiziente Arbeitsbeschaffungsmaßnahmen.
    a) einiger   b) einige   c) einigen   d) einiges

50. Ihre Überweisung wurde ein___ unser___ Konten gutgeschrieben.
    a) -es / -ø   b) -em / -er   c) -en / -en   d) -ø / -en

51. Dank _____ Europäischen Binnenmarkts entfallen viele Formalitäten.
    a) des   b) den   c) der   d) das

52. Trotz steigend___ Produktionszahlen hat die Firma Schwierigkeiten.
    a) -e   b) -es   d) -em   d) -er

53. 670 000 Jugendlich___ bewerben sich um Lehrstellen.
    a) -e   b) -en   c) -er   d) -es

54. Anlässlich _____ Hannovermesse bringen wir neue Produkte auf den Markt.
    a) die   b) des   c) der   d) den

55. Um _____ zu gewinnen, brauchen wir einen dynamischen Vertreter.
    a) neuer Kunden   b) neue Kunde   c) neuen Kunden   d) neue Kunden

56. Viel___ Betrieb___ ist das Ausbilden zu teuer.
    a) -e / -e   b) -en / -en   c) -e / -en   d) -en / -e

57. Letzt___ Endes hat der Kunde immer Recht.
    a) -en   b) -es   c) -em   d) -eres

58. _____ wirtschaftlichen Rückgang wird es in Europa nicht geben.
    a) ø   b) Eine   c) Einen   d) Einer

59. In Deutschland gibt es immer mehr Geldautomat___ .
    a) -e   b) -er   c) -iker   d) -en

60. Der Grad der Behinderung wird von den Versorgungs-_____ festgestellt.
    a) -ämter   b) -amt   c) -amts   d) -ämtern

B   Verbformen

Wählen Sie die richtige Antwort: a, b, c oder d. Eine Antwort ist richtig.

1. Herr Lang _____ bereits aus dem Haus, als der Anruf kam.
    a) war   b) ist   c) geht   c) verlässt

2. Die Wirtschaft wird bald die Konjunkturschwäche über-_____ haben.
    a) -winden   b) -windet   c) -wanden   d) -wunden

3. Die Krise _____ das Wachstum weiter verlangsamen.
    a) wurde   b) wird   c) hatte   d) hat

4. Die Gewinne können nicht an den Kunden weitergegeben _____ .
    a) sein   b) worden   c) haben   d) werden

5. Es ist, als _____ die Kleinsparer aus einem Traum erwacht.
    a) hätten   b) sind   c) haben   d) wären

6. Einige Händler durften bis 18 Uhr 30 geöffnet _____ .
    a) hatten   b) haben   c) werden   d) worden

7. Wir hoffen, die schlimmste Krise überstanden _____ .
    a) zu haben   b) zu sein   c) haben   d) sein

8. Viele fragen sich, wie den Krisengebieten _____ kann.
    a) helfen   b) geholfen   c) geholfen werden   d) geholfen haben

9. Ohne die Deutschen _____ die Währungsunion nie zustande kommen können.
    a) würde   b) wäre   c) täte   d) hätte

10. In zwei Jahren wird sich die Telefonlandschaft sehr verändert _____ .
    a) sein   b) haben   c) werden   d) ø

11. Ein Rutsch ins Minus wird nicht _____ sein .
    a) verhindern   b) verhindert   c) zu verhindern   d) verhindert werden

12. Seit 30 Jahren _____ sich die Mehrwertsteuer vereinfacht.
    a) ist   b) wurde   c) konnte   d) hat

13. Es kann nicht mehr verteilt _____ , als erzeugt _____ .
    a) haben / hat   b) sein / worden   c) sein / wurde   d) werden / wird

14. _____ die Überprüfung zwei Jahre früher stattgefunden, ...
    a) Habe   b) Sei   c) Wäre   d) Hätte

15. ..., dann hätte sich nur Luxemburg für die Währungsunion qualifizieren _____ .
    a) brauchen   b) vermögen   c) haben   d) können

16. Die Europäer werden rasch die Vorteile des neuen Geldes zu schätzen _____ .
    a) können   b) wissen   c) ø   d) sein

17. Es ist eine Subvention, die nicht zurückgezahlt zu werden _____ .
    a) kann   b) soll   c) hat   d) braucht

18. Haben Sie Ihren Beitrag schon _____richtet?
    a) abge-   b) be-   c) ver-   d) ent-

19. Alle 18 Minuten _____ in Deutschland ein Unternehmen zusammen.
    a) brecht   b) brechen   c) bricht   d) bracht

20. Verkaufsförderung _____ geplant und organisiert sein.
    a) hat   b) will   c) weiß   d) braucht

21. Dem Staat _____ Milliarden durch Schwarzarbeit entgangen.
a) ist　　　　　　b) werden　　　　　c) sind　　　　　　d) wurden

22. Ein Ingenieur unserer Firma soll Industriespionage betrieben _____ .
a) sein　　　　　　b) werden　　　　　c) müssen　　　　　d) haben

23. Der alte Turm war während der Veranstaltung als Werbefläche genutzt _____ .
a) werden　　　　　b) worden　　　　　c) geworden　　　　d) gewesen

24. Was sie unternimmt, _____ ihr.
a) gelingt　　　　　b) gelingen　　　　c) gelangt　　　　　d) gelungen

25. Der Vorstand der AG _____ für die optimale Verteilung der Gewinne.
a) bittet　　　　　b) achtet　　　　　c) befasst sich　　　d) sorgt

26. Die Zahl der Arbeitslosen könnte noch _____ .
a) reduzieren　　　b) steigern　　　　c) vermindern　　　d) steigen

27. Wir hoffen, Ihnen entgegengekommen zu _____ .
a) werden　　　　　b) haben　　　　　c) dürfen　　　　　d) sein

28. Die Firma hat mehrmals um Zahlungsaufschub _____ .
a) gebetet　　　　　b) geboten　　　　　c) gebettet　　　　d) gebeten

29. Vor einem Jahr _____ meine Arbeit darin, Missstände zu beseitigen.
a) besteht　　　　　b) bestände　　　　c) bestand　　　　　d) bestehe

30. Als er sie auf der Straße traf, _____ er sie nicht.
a) erkannten　　　　b) erkannte　　　　c) erkennen　　　　d) erkennt

31. Sie hätten nur anzurufen _____ , ...
a) brauchen　　　　b) müssen　　　　　c) gehabt　　　　　d) gesollt

32. ..., dann _____ wir Sie sofort beliefert.
a) wären　　　　　b) würden　　　　　c) könnten　　　　　d) hätten

33. Die Kurzarbeit _____ um 20 Prozent zugenommen.
a) ist　　　　　　b) wird　　　　　　c) hat　　　　　　d) soll

34. Durch die Arbeitsmarktpolitik _____ die Zahl der Arbeitslosen verringert.
a) hatte　　　　　b) wurde　　　　　c) wird sich　　　　d) konnte

35. Die Zahlung _____ auf unser Bankkonto zu leisten.
a) ist　　　　　　b) hat　　　　　　c) wird　　　　　　d) kann

36. Das Verpackungsmaterial ist zum Selbstkostenpreis berechnet _____ .
a) werden　　　　　b) gewesen　　　　c) geworden　　　　d) worden

37. Bei Ankunft _____ Sie die Ware auf Beschädigungen zu überprüfen.
a) sind　　　　　　b) werden　　　　　c) haben　　　　　d) ist

38. Das Angebot haben wir Ihrer Anzeige _____ .
a) genommen　　　b) abgenommen　　c) ausgenommen　　d) entnommen

39. Wir hätten unsere Versicherung erneuern _____ .
a) gemusst　　　　b) müssen　　　　　c) ø　　　　　　　d) zu müssen

40. Leider _____ die Sendung nicht unserer Bestellung.
a) entsprechen　　　b) entsprach　　　　c) entspricht　　　d) entsprecht

41. Wir müssen endlich eine Entscheidung _____ .
a) getroffen　　　　b) trafen　　　　　c) treffen　　　　　d) zu treffen

42. Durch unsachgemäße Verpackung ist ein Großteil der Bücher beschädigt _____ .
a) werden　　　　　b) geworden　　　　c) gewesen　　　　d) worden

43. Der Zoll _____ auf 500 Euro.
    a) beträgt   b) liegt   c) dreht sich   d) beläuft sich

44. _____ ich abwesend sein, ...
    a) Wäre   b) Werde   c) Vermöchte   d) Sollte

45. ..., _____ Sie mir bitte eine Nachricht.
    a) verlassen   b) belassen   c) überlassen   d) hinterlassen

46. Wir _____ über ein reichhaltiges Sortiment.
    a) hoffen   b) verfügen   c) warten   d) mangeln

47. Es gibt Steuergelder, die allein den Bundesländern _____-stehen.
    a) aus-   b) zu-   c) vor-   d) be-

48. Viele _____ schon den Ruhestand als Frührentner.
    a) profitieren   b) freuen sich   c) genießen   d) erfreuen sich

49. Immer mehr Frauen _____ ihren beruflichen Horizont zu erweitern.
    a) konnten   b) wollten   c) sollten   d) vermochten

50. Der Minister behauptet, dass drastische Maßnahmen _____.
    a) müssten getroffen werden   c) getroffen werden müssen
    b) getroffen hätten   d) würden getroffen

51. _____ ihr, ob der Direktor unter dieser Nummer zu erreichen ist?
    a) Weißt   b) Wisst   c) Weiß   d) Wissen

52. Die Zeitung berichtet : »Deutschland ist als Investitionsland wieder attraktiv.«
    Die Zeitung berichtet, Deutschland _____ als Investitionsland wieder attraktiv.
    a) werde   b) sei   c) würde   d) sei ... gewesen

53. Ferner heißt es :»Die Vergleichswerte für die Vorjahre waren negativ.«
    Ferner heißt es, die Vergleichswerte für die Vorjahre _____ negativ _____ .
    a) seien / ø   b) wären / ø   c) seien / gewesen   d) würden / sein

54. Im Wirtschaftsblatt steht: »Die Investitionen werden bald zunehmen.«
    Im Wirtschaftsblatt steht, die Investitionen _____ bald _____ .
    a) werden ... zunehmen   c) würden ... zunehmen
    b) nähmen ... zu   d) hätten ... zugenommen

55. Der Kunde fragt: »Wann kann ich beliefert werden?«
    Der Kunde fragt, wann _____ .
    a) ich beliefert werde   c) er beliefern könnte
    b) er beliefert werden könne   d) er könnte beliefert werden

56. Dann fragt er noch: »Hatte die Firma Produktionsschwierigkeiten?«
    Dann fragt er noch, _____ .
    a) hätte die Firma Produktionsschwierigkeiten
    b) ob die Firma Produktionsschwierigkeiten habe
    c) ob die Firma Produktionsschwierigkeiten gehabt habe
    d) hätte die Firma Produktionsschwierigkeiten gehabt

57. Der Verkäufer antwortet: »Die Produktionsabteilung hat zur Zeit Probleme; sie werden aber bald
    behoben werden.«
    Der Verkäufer antwortet, _____ .
    a) die Produktionsabteilung werde zur Zeit Probleme haben; sie würden aber bald behoben
    b) die Produktionsabteilung habe zur Zeit Probleme; sie würden aber bald behoben werden
    c) die Produktionsabteilung habe zur Zeit Probleme gehabt; sie würden aber bald behoben
    d) die Produktionsabteilung hätte zur Zeit Probleme gehabt; sie seien aber bald behoben worden

58. Die Sekretärin buchte den Flug nach Moskau.
Wählen Sie den entsprechenden Satz im Passiv.
a) Der Flug nach Moskau wird von der Sekretärin gebucht.
b) Der Flug nach Moskau wird von der Sekretärin gebucht werden.
c) Der Flug nach Moskau wurde von der Sekretärin gebucht.
d) Der Flug nach Moskau war von der Sekretärin gebucht worden.

59. Der Hauptgeschäftsführer wird die Filiale in Madrid eröffnen.
Wählen Sie den entsprechenden Satz im Passiv.
a) Die Filiale in Madrid wird vom Hauptgeschäftsführer eröffnet.
b) Die Filiale in Madrid wird vom Hauptgeschäftsführer eröffnet werden.
c) Die Filiale in Madrid war vom Hauptgeschäftsführer eröffnet worden.
d) Die Filiale in Madrid wurde vom Hauptgeschäftsführer eröffnet.

60. Der Leiter der Marketingabteilung hat diesen Bericht verfasst.
Wählen Sie den entsprechenden Satz im Passiv.
a) Dieser Bericht wird vom Leiter der Marketingabteilung verfasst werden.
b) Dieser Bericht ist vom Leiter der Marketingabteilung verfasst worden.
c) Dieser Bericht wird vom Leiter der Marketingabteilung verfasst.
d) Dieser Bericht war vom Leiter der Marketingabteilung verfasst worden.

C Präpositionen/Adverbien

Wählen Sie die richtige Antwort: a, b, c oder d. <u>Eine</u> Antwort ist richtig.

1. Die Arbeitslosigkeit ist _____ die Vier-Millionen-Marke gesunken.
   a) über   b) unter   c) unten   d) oben

2. Vor dem Euro litten die Exporteure _____ den Wechselkursschwankungen.
   a) von   b) an   c) unter   d) vor

3. Nächste Woche wird sie _____ China fliegen.
   a) in   b) zu   c) ins   d) nach

4. _____ Problem der Erwerbslosigkeit hat sich nicht viel geändert.
   a) Beim   b) Am   c) Fürs   d) Zum

5. _____ zwei Jahren war der Umsatz dieser Firma besser.
   a) Von   b) Vor   c) In   d) Mit

6. _____ die Hälfte des Bundesgebiets wird landwirtschaftlich genutzt.
   a) Mehr   b) Um   c) Über   d) Gegen

7. Deutschland ist _____ Investoren wieder attraktiv.
   a) für   b) an   c) ø   d) beim

8. Steht die Wirtschaft _____ einer Rezession?
   a) vorn   b) gegen   c) bei   d) vor

9. Wir haben die Prognosen nach _____ korrigiert.
   a) unter   b) drunten   c) unten   d) drunter

10. Die jüngste Prognose liegt _____ zwei Prozent Wachstum.
    a) um   b) bei   c) an   d) nach

11. Es gibt einen Trend _____ höherer Qualifikation.
    a) bei   b) von   c) zu   d) für

12. In den Entwicklungsländern ist der Arbeitstag für Frauen _____ dem Land besonders lang.
    a) in   b) am   c) auf   d) bei

13. _____ diese Arbeit bin ich nicht zuständig.
    a) Um   b) Für   c) Zu   d) Bei

14. Eine gute Qualifikation ist der beste Schutz _____ Arbeitslosigkeit.
    a) entgegen   b) vor   c) von   d) für

15. Ein Arbeitsuchender muss _____ solide Kenntnisse verfügen.
    a) von   b) ø   c) um   d) über

16. Bei uns kümmern sich Profis _____ Ihr Geld.
    a) für   b) mit   c) über   d) um

17. Diese Zahl entspricht _____ einer Arbeitslosenquote von 11%.
    a) zu   b) an   c) ø   d) mit

18. Der Autoverkehr wird _____ dichter.
    a) mehr   b) immer   c) so   d) mehr und mehr

19. Die Schweizer liegen an der Spitze _____ den Ausgaben für Informationstechnik.
    a) bei   b) für   c) gegenüber   d) hinsichtlich

20. In Deutschland betragen die Ausgaben für Kommunikationstechnik 1500 Euro _____ Einwohner.
    a) jeden   b) je   c) jenen   d) ø

21. _____ 35-Stunden-Woche können Selbstständige nur träumen.
    a) Der   b) Von der   c) Vor der   d) Über die

22. Die Ausgaben für Müllabfuhr sind _____ Teil enorm gestiegen.
    a) zum   b) im   c) am   d) zu

23. Es geht _____ die Hilfe für die Länder der Dritten Welt.
    a) bei   b) mit   c) um   d) zu

24. _____ dem Vorjahr haben viele ihr Einkommen verbessert.
    a) Gegen   b) Über   c) Entgegen   d) Gegenüber

25. Ich habe _____ Unrecht Sozialleistungen bezogen.
    a) mit   b) zu   c) wegen   d) aus

26. Die Suche _____ den besten Unternehmen ...
    a) ø   b) von   c) unter   d) nach

27. ... beginnt jetzt in _____ Deutschland.
    a) ganzem   b) gänzlich   c) ganzer   d) ganz

28. Falls es ein Problem gibt, können Sie uns auch _____ der üblichen Geschäftszeiten anrufen.
    a) in   b) außerhalb   c) um   d) zu

29. Dieser Händler beginnt erst am späten Vormittag _____ dem Verkauf.
    a) bei   b) mit   c) an   d) ø

30. Die Exporte sind _____ dem Vorjahreszeitraum erheblich zurückgegangen.
    a) entgegen   b) gegen   c) gegenüber   d) dagegen

31. Wir freuen uns im Voraus _____ Ihren Besuch.
    a) an   b) über   c) auf   d) von

32. Strenge Vorschriften tragen _____ Senkung der Arbeitsunfälle bei.
    a) zum   b) an die   c) zur   d) an der

33. Wir warnen Sie _____ diesem riskanten Geschäft.
    a) von   b) vor   c) gegen   d) gegenüber

34. Das Minus ist geringer als in den Jahren _____ .
    a) bevor   b) vor   c) vorher   d) zuvor

35. Kreditkarten erfreuen sich _____ großer Beliebtheit.
    a) auf   b) über   c) ø   d) an

36. ___ Feiertagen, _____ Urlaub und _____ Krankheit muss die Firma weiterzahlen.
    a) Für / ø / ø   b) An / im / bei   c) Zu / in / für   d) Nach / am / wegen

37. Das Krankengeld wird _____ der siebten Woche von der Krankenkasse gezahlt.
    a) von   b) bei   c) mit   d) ab

38. Die Sekretärin hat sich _____ Namen des Kunden geirrt.
    a) am   b) beim   c) bei   d) vom

39. Ohne Investitionen verliert ein Boom schnell _____ Kraft.
    a) ø   b) an   c) von   d) bei

40. Die Gewerkschaft erinnert _____ den Streik von 1957.
    a) ø   b) von   c) in   d) an

41. Für viele Einzelhändler endete das Jahr _____ einem Minus.
    a) bei   b) in   c) durch   d) mit

42. Die Einnahmen sind _____ 15 Prozent _____ 12 Prozent gesunken.
    a) um / bis   b) von / zu   c) von / auf   d) ø / bis

43. _____ diese Frage gibt es noch keine Antwort.
a) An   b) Zu   c) Über   d) Auf

44. Wir sehen uns _____ gezwungen, Sie auf Schadenersatz zu verklagen.
a) leidlich   b) leidig   c) leider   d) leidvoll

45. Wir danken _____ Ihren Auftrag vom 27. 07.
a) Sie für   b) euch zu   c) Sie um   d) Ihnen für

46. Wir beziehen uns _____ Ihr Angebot vom 28. 02.
a) über   b) auf   c) an   d) ø

47. _____ Ihrem Angebot erteilen wir Ihnen folgenden Auftrag.
a) Mäßig   b) Gemessen   c) Dermaßen   d) Gemäß

48. _____ Angebot gewähren Sie eine dreijährige Garantie ___ die Maschinen.
a) Nach / über   b) Laut / auf   c) Im / an   d) Per / zu

49. Wir haben eine Bestellung _____ 100 Fax-Geräte aufgegeben.
a) auf   b) an   c) um   d) über

50. _____ mit Bezahlung der Rechnung besitzen Sie die Ware, eher nicht.
a) Nur   b) Eher   c) Erstens   d) Erst

51. Ein Arbeiter kann eine vorgezogene Rente _____ 60. Lebensjahr beziehen.
a) von dem   b) bis zum   c) ab dem   d) an dem

52. Die Firma hofft _____ ein Riesengeschäft.
a) ø   b) in   c) über   d) auf

53. _____ sinkender Nachfrage ist man _____ Investitionen vorsichtig.
a) Bei / mit   b) Mit / bei   c) Wegen / an   d) Nach / zu

54. Die Zahl der Auslandsreisen hat sich _____ der letzten 10 Jahre ...
a) innen   b) in   c) innerhalb   d) währenddessen

55. ... _____ siebzig Prozent erhöht.
a) über   b) um   c) gegen   d) von

56. Die bisherigen Zahlen deuten _____ einen Rückgang hin.
a) ø   b) an   c) über   d) auf

57. _____ Furcht _____ einer zu hohen Handwerkerrechnung basteln immer mehr Leute.
a) Aus / vor   b) Die / von   c) Wegen / ø   d) Gegen / von

58. _____ angestellt, dann selbstständig.
a) Nur   b) Weder   c) Noch   d) Erst

59. Die Schule möchte die Jugendlichen _____ die Arbeitswelt vorbereiten.
a) über   b) auf   c) zu   d) an

60. Wir sind gegen Schäden versichert, _____ eine Selbstbeteiligung von 500 Euro.
a) bis auf   b) außer   c) vorbehaltlich   d) außerhalb

D   Konjunktionen/Pronomen

Wählen Sie die richtige Antwort: a, b, c oder d. Eine Antwort ist richtig.

1. Viele Einzelhändler schließen ihr Geschäft, _____ ihre Lage nicht katastrophal ist.
    a) trotz   b) weshalb   c) obwohl   d) denn

2. Er fragt sich, _____ Frankreich der größte Stromexporteur ist.
    a) wenn   b) als   c) ob   d) dass

3. Er zahlt mehr ein, _____ er wieder herausbekommt.
    a) denn   b) als   c) der   d) was

4. Sie hat die Firma gewechselt, _____ sie hatte keine Aufstiegsmöglichkeiten.
    a) sondern   b) obwohl   c) weil   d) denn

5. Es ist ein Luxus, _____ wir uns nicht leisten können.
    a) der   b) das   c) dessen   d) den

6. Die Transportmittel, _____ wir brauchen, kosten viel Geld.
    a) deren   b) dessen   c) den   d) die

7. _____ Arbeitgeber interessiert, ...
    a) Der   b) Den   c) Dass   d) Denn

8. ..., _____ der Angestellte ihn kostet.
    a) dass   b) was   c) ob   d) wenn

9. Die Subventionen bekommt nur, _____ irgendwo investiert.
    a) der   b) den   c) dass   d) wer

10. Es ist das Beste, _____ er kaufen konnte.
    a) dem   b) ø   c) was   d) den

11. Die Sozialhilfe hilft _____ , die in Not sind.
    a) die   b) dem   c) den   d) denen

12. Ich weiß nicht mehr genau, _____ die Sendung weggeschickt wurde.
    a) dass   b) wenn   c) als   d) wann

13. _____ wir uns kennen gelernt haben, arbeitete er noch bei der Baufirma.
    a) Als   b) Da   c) Wann   d) Wenn

14. Die Maschinen liefen auf vollen Touren, _____ die Krise kam.
    a) vorher   b) vor   c) zuvor   d) bevor

15. Die Wirtschaft wächst zu kräftig, _____ es zu einer Krise kommen könnte.
    a) als   b) dass   c) als ob   d) als dass

16. Die Betriebe sind skeptisch, _____ neue Anlagen nötig sind.
    a) dass   b) ob   c) wenn   d) deswegen

17. Kein Arbeitgeber kann mehr geben, _____ er hat.
    a) als   b) was   c) dass   d) das

18. _____ eine betriebliche Ausbildung absolvieren will, ...
    a) Der   b) Wo   c) Wer   d) Wen

19. ..., _____ zieht es in kaufmännische Betriebe.
    a) der   b) den   c) das   d) was

20. Über die Hälfte _____ , was erarbeitet wird, holt sich der Staat.
    a) ø   b) wessen   c) deren   d) dessen

21. _____ wir das nötige Geld aufbringen können, steht außer Zweifel.
     a) Als   b) Dass   c) Wenn   d) Sofern

22. _____ die Arbeitslosigkeit hoch ist, ist es nicht einfach, qualifiziertes Personal zu finden.
     a) Obwohl   b) Während   c) Da   d) Weil

23. _____ die Preise gesenkt worden waren, wurde wieder mehr verkauft.
     a) Nachher   b) Darauf   c) Nachdem   d) Danach

24. Wir überweisen Ihnen den Rechnungsbetrag, _____ die Sendung bei uns eintrifft.
     a) sofort   b) alsbald   c) sobald   d) als

25. Teilen Sie uns bitte mit, _____ wir Sie beliefern können.
     a) wenn   b) wann   c) obwohl   d) dass

26. _____ ich die Stelle nicht bekomme, muss ich stempeln gehen.
     a) Denn   b) Falls   c) Trotz   d) Als

27. Deutschland ist das Modell, _____ viele nacheifern.
     a) das   b) den   c) dem   d) dass

28. Teilen Sie uns bitte mit, _____ Sie den Auftrag an die Konkurrenz vergeben haben.
     a) weil   b) deshalb   c) weshalb   d) deswegen

29. Es gibt Fälle, bei _____ das Gericht die letzte Instanz ist.
     a) deren   b) den   c) denen   d) welchem

30. Sagen Sie uns bitte bald, _____ Sie interessiert sind.
     a) womit   b) woran   c) wovon   d) wofür

31. _____ schwerer die Arbeit, _____ höher der Lohn.
     a) So / so   b) Je / je   c) Desto / je   d) Je / desto

32. _____ er in Berlin angekommen war, mietete er einen Wagen.
     a) Solange   b) Nachdem   c) Seitdem   d) Während

33. Ich bin bereit, einen anderen Job _____ den erlernten auszuüben.
     a) dass   b) wie   c) statt   d) als

34. _____ wir den Kredit gewähren, holen wir Einkünfte über die Firma ein.
     a) Vor   b) Bevor   c) Zuvor   d) Davor

35. _____ wir der Konkurrenz ausgesetzt sind, bleiben unsere Preise vorteilhaft.
     a) Trotz   b) Als   c) Obwohl   d) Ob

36. Diese Artikel sind viel zu teuer, _____ der Durchschnittskunde sie kaufen könnte.
     a) als dass   b) als   c) dass   d) die

37. Leider müssen wir Ihnen mitteilen, _____ wir unsere Geschäftstätigkeit aufgeben.
     a) da   b) das   c) denn   d) dass

38. _____ die Gesellschaft aufgelöst wird, wird ein Konkursverwalter bestellt.
     a) Wegen   b) Deswegen   c) Da   d) Denn

39. Wir haben Ihre Adresse von Herrn Müller, _____ wir seit langem kennen.
     a) der   b) dem   c) dass   d) den

40. Teilen Sie uns bitte mit, _____ Sie die Lieferung vornehmen können.
     a) das   b) wenn   c) wann   d) da

41. Viele von denen, _____ einen Job suchen, sind über 40 Jahre alt.
     a) die   b) den   c) der   d) welchen

42. Wir möchten erfahren, _____ Sie auf das Angebot verzichtet haben.
     a) deshalb   b) darum   c) deswegen   d) weshalb

43. _____ Ihnen entgegenzukommen, machen wir Ihnen folgendes Angebot.
    a) Zu   b) Damit   c) ø   d) Um

44. Unsere Preise liegen unter _____ unserer Mitbewerber.
    a) die   b) den   c) denen   d) ø

45. Das Auto ist zwar schön, _____ auch sehr teuer.
    a) dennoch   b) trotzdem   c) aber   d) sondern

46. _____ Sollten Sie unsere Modelle interessieren, so könnten wir Ihnen Muster zuschicken.
    a) ø   b) Wenn   c) Ob   d) Wann

47. Sie erhalten die Ware, kurz _____ Sie bestellt haben.
    a) nach   b) nachher   c) nachdem   d) danach

48. Wir bestehen _____ , _____ der Auftrag termingerecht ausgeführt wird.
    a) darin, da   b) darauf, dass   c) daraus, ø   d) damit, denn

49. Besten Dank für den Auftrag, _____ Sie unserem Vertreter erteilt haben.
    a) dass   b) das   c) ø   d) den

50. Es ist die Firma, _____ Vertreter wir seit langem kennen.
    a) von der   b) dessen   c) derer   d) deren

51. Die Waren werden per Post versandt, _____ wir Ihre Anzahlung erhalten haben.
    a) sofort   b) danach   c) vorher   d) sobald

52. Ich sage es dir, _____ du Bescheid weißt.
    a) darum   b) damit   c) ob   d) wie

53. Beim Kauf will der Kunde wissen, _____ betrügt.
    a) wer wen   b) wen ø   c) wer den   d) der den

54. _____ Geldsparen vernünftig ist, glauben viele.
    a) Wenn   b) Obgleich   c) Dass   d) Als

55. _____ Bargeld auszugeben, greifen die Leute zum Plastikgeld.
    a) Damit   b) Anstatt   c) Zu   d) Viel

56. _____ die Ersparnisse nicht ausreichen, muss ein Kredit aufgenommen werden.
    a) Im Falle   b) Falls   c) Gegebenenfalls   d) Für den Fall

57. Die Löhne steigen in dem Umfang, _____ die Produktivität wächst.
    a) wie   b) wo   c) wann   d) weshalb

58. Die Gewinne schrumpfen _____ mehr, als die Preise fallen.
    a) viel   b) je   c) als   d) umso

59. Noch wächst die Wirtschaft, _____ schwächer als erwartet.
    a) auch so   b) wenn auch   c) noch so   d) als auch

60. Es ist ein Rohstoff, aus _____ Öl „Bio-Diesel" gewonnen wird.
    a) dem   b) denen   c) dessen   d) deren

E   Sprachbausteine

Wählen Sie die richtige Antwort: a, b, c oder d. _Eine_ Antwort ist richtig.

1. _____ gehört dieses Unternehmen?
   a) Wer   b) Wem   c) Wessen   d) Wen

2. Als schwerbehindert gilt, _____ Erwerbsfähigkeit um mindestens 50% eingeschränkt ist.
   a) der   b) des   c) die   d) wessen

3. Die 15 größten Unternehmen teilen zwei Fünftel des Gesamtumsatzes unter _____ .
   a) sich   b) ihr   c) einem   d) sie

4. Frauen arbeiten länger _____ Männer.
   a) wie   b) dass   c) denn   d) als

5. Was Sie verlangen, ist viermal _____ wie vor zehn Jahren.
   a) vieler   b) plus   c) meist   d) so viel

6. Ein _____-teil der Dienstleistungen wird von Freiberuflern erbracht.
   a) Groß-   b) Größt-   c) Größtens-   d) Größen-

7. Die Bank wird den Betrag von _____ aus zurückzahlen.
   a) ihm   b) sich   c) ihrer   d) selbst

8. Die _____ Jahre wurden durch die asiatische Krise geprägt.
   a) neunzig   b) Neunzigern   b) neunzigsten   d) neunziger

9. In Asien hat der Ausbau der Kernenergie _____ begonnen.
   a) nur noch   b) erst   c) nur   d) erstens

10. Die Informationswirtschaft _____ als Wachstumsbranche.
    a) passiert   b) betrachtet   c) gilt   d) hält

11. Das Geld kommt _____ von Sparbüchern oder aus dem Verkauf von Wertpapieren.
    a) oder   b) weder   c) entweder   d) noch

12. Das ist doppelt _____ wie vorher.
    a) mehr   b) größer   c) viel   d) so viel

13. Nicht alle Betriebe haben _____ Krise überlebt.
    a) der   b) über die   c) an der   d) die

14. Die Dividenden erbrachten ein Einkommen von rund_____ 100 000 Euro.
    a) -en   b) -um   c) -ø   d) -lichen

15. _____ fiel es schwer, sich von der Mark zu trennen.
    a) Viele   b) Vieler   c) Die meisten   d) Den meisten

16. Finanziell greift der Staat den Bürgern unter die _____ .
    a) Beine   b) Füße   c) Schultern   d) Arme

17. Wie viel es auch kosten mag, _____ .
    a) ich die Ware bestelle   c) ich bestelle die Ware
    b) wenn ich die Ware bestelle   d) ob ich die Ware bestelle

18. Kredite kommen _____ Staat teuer zu stehen.
    a) den   b) dem   c) des   d) der

19. Es handelt sich um eine Schätzung des München_____ Meinungsforschungsinstituts.
    a) -ø   b) -en   c) -s   d) -er

20. Das Defizit dürfte halb _____ wie in der abgelaufenen Periode ausfallen.
    a) größer   b) so groß   c) groß   d) große

21. Die Produktionsstörung hat ein_____ paar Kunden geschadet.
a) -ø   b) -em   c) -en   d) -er

22. Die Sozialversicherung ist die _____ bedeutendste Sicherungsinstitution.
a) von weitem   b) weiteste   c) auf weitem   d) bei weitem

23. Heute werden Auszubildende _____ rarer.
a) sehr   b) ganz   c) so   d) immer

24. Wenn es _____ Recht ist, treffen wir uns morgen.
a) du   b) dich   c) dir   d) deine

25. Wir sehen _____ gezwungen, die Firma gerichtlich zu belangen.
a) uns   b) Ihnen   c) Sie   d) sich

26. Die Brüssel_____ Kommission soll das Abkommen neu verhandeln.
a) -s   b) -ø   c) -er   d) -chen

27. _____ die Gesellschaft *Süd-Export* in Hamburg.
a) Es geht dabei   b) Es geht mit   c) Es handelt von   d) Es handelt sich um

28. Der Kassenzettel dient _____ Garantie.
a) zu   b) für   c) als   d) die

29. Auftrags-_____ haben wir Ihre Waren nach Tunesien verschifft.
a) -maßen   b) -halber   c) -weise   d) -gemäß

30. Über die _____ des Gebiets wird nicht genutzt.
a) Hälfte   b) Drittel   c) Viertel   d) Fünftel

31. _____ China gehörte zu den »asiatischen Tigern«.
a) Das   b) ø   c) Die   d) An

32. Die Ausgaben werden auf anderthalb Million_____ ansteigen.
a) -e   b) -ø   c) -en   d) -s

33. Vor kurzem war Deutschland noch der _____-größte Waffenexporteur der Welt.
a) dritt-   b) drei-   c) dreier-   d) dritten-

34. Die Ausgaben belaufen sich auf _____ sieben Milliarden.
a) runden   b) rundum   c) rundliche   d) rund

35. Die Investitionen sind doppelt _____ hoch _____ im Vorjahr.
a) ø / als   b) ø / wie   c) so / als   d) so / wie

36. Die Werbung per Post kommt vor allem der Deutschen Post _____ .
a) zugute   b) zu gut   c) zur Güte   d) zum Gut

37. _____ konnten sich beide Parteien nicht auf ein Datum einigen.
a) Bislang   b) Solange   c) Längstens   d) Länglich

38. Das Minus ist geringer _____ in den Jahren _____ .
a) ø / bevor   b) wie / vorher   c) als / zuvor   d) wie / vor

39. Um dieses Projekt zu realisieren, _____ es erheblicher Investitionen.
a) braucht   b) muss   c) gehört   d) bedarf

40. _____ dass wir Maschinen gekauft haben, sind wir wettbewerbsfähiger geworden.
a) Deswegen   b) Deshalb   c) Dadurch   d) So

41. Nach eineinhalb Jahr_____ konnte der Betrieb saniert werden.
a) -e   b) ø   c) -es   d) -en

42. Wir haben das Geld erhalten, _____ des Kindergeldes.
a) ausgenommen   b) bis auf   c) einschließlich   d) einbegriffen

43. Viele asiatische Firmen haben sich _____ Elsass angesiedelt.
   a) in   b) im   c) ins   d) in den

44. Hier sind zwei Artikel: der billig_____ ist selten der bes_____ .
   a) -ste / -te   b) -ere / -sere c) -e / -te   d) -ste / -sere

45. Wir haben Ihnen etwas Preiswert_____ anzubieten.
   a) -e   b) -en   c) -ø   d) -es

46. Wir haben alle Artikel gekauft, _____ Arbeitstisch ausgenommen.
   a) den   b) der   c) die   d) dem

47. Kleine Geschäfte sind _____ wichtig _____ große.
   a) so / ø   b) so / wie   c) ø / als   d) wie / ø

48. Er kaufte _____ neue Schuhe.
   a) ein paar   b) ein Paar   c) ø / paar   d) ø / Paar

49. Wir bestellen hiermit zehn Karton_____ Zahnpasta.
   a) -s   b) -e   c) -en   d) -ø

50. _____ der Lieferung vom 12.10. teilen wir Ihnen Folgendes mit.
   a) In Bezug auf   c) Bezüglich
   b) Wir beziehen uns auf   d) Beziehend

51. _____ Europa von Maastricht Resultat deutscher Visionen ist, ...
   a) Dass   b) Da   c) Das   d) Dass das

52. ..., entdecken heute _____ französische Politiker.
   a) alle   b) einige   c) jene   d) die beiden

53. Jedes _____ für das nicht europäische Ausland bestimmte Paket ...
   a) Artikel   b) Ware   c) ø   d) Produkt

54. ... muss mit einer Zollerklärung versehen _____ .
   a) worden   b) haben   c) ø   d) sein

55. Wir teilen Ihnen _____ Wunsch ...
   a) nach   b) auf   c) den   d) über

56. ... weitere Einzelheiten über unser _____ mit.
   a) Katalog   b) Preisliste   c) Angebot   d) Produktpalette

57. Wir bestätigen hiermit unser _____ vom 27.07. ...
   a) Post   b) Brief   c) Sendung   d) Schreiben

58. ... und schicken Ihnen in der Anlage eine Rechnung _____ 252 Euro.
   a) ab   b) zu   c) über   d) um

59. Unsere Firma ist die _____-größte der Stadt.
   a) zweite-   b) zweit-   c) zwei-   d) zweiten-

60. Die Kosten betragen zwei Euro _____ Erwachsenen.
   a) jeden   b) jenen   c) je   d) jeweils

Stimmen die Aussagen mit dem Text überein?
Wenn ja, markieren Sie auf dem Antwortbogen a) = richtig, wenn nicht, markieren Sie b) = falsch

Text 1

Geschäftsbericht   II. Quartal / Auszug

1. Auftragslage
2. Produktion
3. Finanzplanung
4. Forschung und Entwicklung

1. Auftragslage

Trotz der stagnierenden Wirtschaftslage kann der Geschäftsverlauf unseres Unternehmens als befriedigend bezeichnet werden. Zwar blieb der Auftragseingang im Inlandsgeschäft während des II. Quartals unter dem Niveau des Vorjahres, doch steht diesem Rückstand eine Zunahme der Exportaufträge gegenüber. Insgesamt liegt der Auftragsbestand um 4,3% höher als im Berichtszeitraum des vergangenen Jahres.

2. Produktion

Durch den neuen Maschinenpark konnte nicht nur die Produktion um 10% gesteigert, sondern auch die Produktionszeit verkürzt werden. Durch diese Veränderungen wird unser Betrieb auch auf internationaler Ebene wettbewerbsfähiger.

---

1. Die wirtschaftliche Lage des Unternehmens ist zufriedenstellend.

   a) richtig
   b) falsch

2. Der Auftragsbestand im Inlandsgeschäft ist höher als im letzten Jahr.

   a) richtig
   b) falsch

3. Durch den neuen Maschinenpark gewinnt der Betrieb an Wettbewerbsfähigkeit.

   a) richtig
   b) falsch

Text 2

Ihr Schritt zum selbstständigen Personalberater

Sie sehen Ihre persönliche Zukunft in der selbstständigen Partnerschaft innerhalb einer etablierten Unternehmensberatung?

Wir sind eine bekannte, seit elf Jahren bestehende Personal- und Unternehmensberatung mit einem breiten und marktbeständigen Beratungs- und Leistungsspektrum, Partnern in mehreren Metropolen Deutschlands sowie einer bundesweiten, erstrangigen Klientel.

Wir bieten erfahrenen Managern (möglichst aus dem Personalwesen) ein interessantes und erfolgssicheres Kooperationsmodell auf der Basis Ihrer selbstständigen und aktiven Partnerschaft. Einarbeitung, Vertriebstraining, Informationsgrundlagen, weitreichende Unterstützung und fortlaufendes Coaching sind Ihnen ebenso garantiert wie der ständige Kontakt mit allen Partner-Beratern unseres Hauses.

Auf Ihre erste Kontaktaufnahme antworten wir Ihnen mit detaillierten Informationen.

Zuschriften erbeten unter 189254

---

1. Dieses Personalberatungsunternehmen sucht einen Angestellten, der ausschließlich für diese Firma arbeiten wird.

  a) richtig
  b) falsch

2. Es wird ein Manager gesucht, der die Partner in den Großstädten Deutschlands zu besuchen hat.

  a) richtig
  b) falsch

3. Es werden ihm Einarbeitung, Coaching und ein Vertriebstraining angeboten.

  a) richtig
  b) falsch

4. Er wird nur selten Kontakt mit Partner-Beratern haben.

  a) richtig
  b) falsch

5. Die Beratung anbietende Firma beruft sich auf eine zwanzigjährige Erfahrung.

  a) richtig
  b) falsch

Beantworten Sie die unten stehenden Fragen. <u>*Eine*</u> *Antwort ist richtig.*

Text 3

Messe informiert über Chancen bei Zeitarbeit

43 Zeitarbeitsfirmen präsentieren sich heute von 9 bis 17 Uhr im *Arbeitsamt München*, Kapuzinerstraße 30, auf der Info-Messe „Zeitarbeit". Sie bieten Stellen aus dem kaufmännischen, gewerblichen und akademischen Bereich an. Nach Angaben des Arbeitsamtes boomt die Branche, weil viele Unternehmen das „Personalleasing" gezielt als Instrument ihrer Personalpolitik einsetzen. Bis zu zwölf Monaten können so Arbeitsplätze besetzt werden. Während dieser Zeit kann sich der Arbeitgeber ein Bild über den „Leih"-Mitarbeiter machen, und oft schließen sich unbefristete Arbeitsverhältnisse an. Insbesondere Jungakademikern bieten Zeitarbeitsfirmen einen ersten beruflichen Einstieg. Hoch im Kurs stehen Wirtschaftswissenschaftler, Ingenieure und Experten der Informationstechnologie. Angebote soll es aber auch für Juristen, Geisteswissenschaftler, Mediziner und Naturwissenschaftler geben. Natürlich bieten Zeitarbeitsfirmen ebenso Chancen für einen beruflichen Wiedereinstieg oder eine Umorientierung.

Süddeutsche Zeitung

---

1. Der Erfolg des Zeitarbeit-Sektors ist zurückzuführen auf

    a) eine immer größere Nachfrage im akademischen Bereich.
    b) eine effiziente Personalpolitik der Unternehmen.
    c) den finanziellen Vorteil des Personalleasings für das Arbeitsamt.

2. Die im Rahmen dieses Experiments angebotenen Arbeitsplätze können _____ besetzt werden.

    a) nur 12 Monate
    b) höchstens zwölf Monate
    c) zwei Jahre lang

3. Diese Form der Leih-Mitarbeiter erlaubt

    a) nur Jungakademikern einen ersten beruflichen Einstieg.
    b) nur befristete Arbeitsverträge.
    c) den Arbeitgebern, die Mitarbeiter-Kandidaten besser zu kennen.

4. Die meisten Stellenangebote erhalten

    a) Wirtschaftswissenschaftler.
    b) Lehrer.
    c) Pfarrer.

Text 4

Globalisierung

Beim Blick auf jene, die von Globalisierung gehört und eine deutliche Vorstellung davon haben, fällt auf, dass sie auch anderweitig über den eigenen Tellerrand hinausschauen: Immerhin 76 Prozent sprechen eine oder mehrere Fremdsprachen, und 64 Prozent haben schon einmal andere Kontinente bereist. Von den Befragten, die über Globalisierung nichts wissen, sprechen dagegen 72% keine Fremdsprache, und 69% haben noch nie den Fuß vor die europäische Haustür gesetzt.

Insgesamt sind Bundesbürger, die sich für Globalisierung interessieren, hinsichtlich ihrer Zukunft und der wirtschaftlichen Entwicklung deutlich optimistischer als andere. So sehen 53% der Globalisierungskenner den nächsten zwölf Monaten mit Hoffnungen entgegen, gegenüber 41% bei den globalisierungsfernen Bundesbürgern. Umgekehrt äußert nur jeder siebte „Experte", aber jeder vierte „Laie" Angst vor der Zukunft.

contact

---

1. Die Globalisierungskenner

    a) wollen nur europäische Gerichte essen.
    b) sammeln Teller aus allen Kontinenten.
    c) reisen viel und gern durch die Welt.

2. Die Befragten, die über die Globalisierung nichts wissen,

    a) reisten nur innerhalb Europas.
    b) sprechen mehrere Fremdsprachen.
    c) machen oft Fernreisen.

3. Die Bundesbürger, die sich für Globalisierung interessieren,

    a) setzen mehr Vertrauen in die Zukunft.
    b) sind hinsichtlich ihrer Zukunft eher pessimistisch als optimistisch.
    c) blicken ängstlicher in die Zukunft als andere.

4. Dem Artikel nach

    a) sind 41 Prozent der „Globalisierungsexperten" sehr optimistisch.
    b) blicken 53 Prozent der „Laien" durch eine rosa Brille in die nächsten zwölf Monate.
    c) steht ein Viertel der „Laien" der nahen Zukunft sehr misstrauisch gegenüber.

Text 5

> **Computerviren: Rasante Seuche**
>
> Das Computervirus *Melissa* ist Vorbote einer neuen Infektionswelle. Nur zwei Tage hatte der Erreger gebraucht, um sich von den USA aus über die ganze Welt zu verbreiten. *Melissa* reist als heimtückischer Makro-Befehl in *Word*-Dokumenten, dringt in das E-Mail-Programm *Outlook* ein und verschickt eine elektronische Postflut an die dort gespeicherten Adressaten. Weil der *Melissa*-Schöpfer den Virencode im Internet veröffentlichte, basteln Nachahmer schon an neuen Varianten, zum Beispiel dem „Papa"-Virus, das sich wegen Programmfehlern allerdings noch nicht verbreitet. Es nistet in *Excel*-Dokumenten. Auf diesem hinterhältigen Weg könnte es etwa interne Kalkulationen an Konkurrenten oder Kunden verschicken.
>
> *Der Spiegel, 14/1999*

1. Das Computervirus *Melissa*

    a) markiert das Ende einer großen Infektionswelle.
    b) schädigt seit langem die deutschen Computer.
    c) ist im Begriff, sich über die USA zu verbreiten.
    d) kündigt neue Probleme für Computernutzer an.

2. *Melissa* ist besonders gefährlich, weil es

    a) nur *Word*-Dokumente verschont.
    b) die elektronische Post stört.
    c) elektronische Luftpost blockiert.
    d) die gespeicherten Adressaten blockiert.

3. Eine Variante dieses Virus

    a) verschont nur *Excel*-Dokumente.
    b) wirkt wie ein elektronischer Spion gegenüber der Konkurrenz.
    c) hält interne Kalkulation zurück.
    d) verschickt eine Postflut an ehemalige Kunden.

Text 6

Deutsche Exporte und Asienkrise

In nahezu allen Ländern Europas wurden die Auswirkungen der Wirtschaftskrise in Asien deutlich gesehen. Die direkte Betroffenheit des europäischen Außenhandels war jedoch insgesamt relativ gering. Für die deutsche Wirtschaft lag der Anteil der Exporte nach Asien bei 10,5 Prozent – mit rückläufiger Tendenz. Der Anteil der deutschen Exporte in die Krisenregionen im engeren Sinne, einschließlich Japans, belief sich auf rund fünf Prozent. Stärker beeinträchtigt waren jedoch einzelne Branchen, etwa die des Bau- und Infrastruktursektors und auch die des Konsumgüterhandels. Unter diesem Gesichtspunkt erwies es sich als Vorteil, dass deutsche Exporteure im asiatischen Konsumgüterbereich nur schwach vertreten waren. Demgegenüber nahmen deutsche Unternehmen eine starke Position in den Bereichen ein, auf die die Krisenländer nicht verzichten konnten, um ihren Export aufrechtzuerhalten, etwa im Maschinen- und Anlagenbau.

contact

---

1. Die Auswirkungen der Asienkrise sind _____ zu spüren gewesen.

    a) in ganz Europa
    b) nicht nur in Europa
    c) in fast ganz Europa
    d) außerhalb des europäischen Raums

2. Dem Artikel nach

    a) nahm der Anteil der Exporte immer mehr zu.
    b) war der deutsche Außenhandel besonders hart betroffen.
    c) exportierte Deutschland größtenteils in die Krisenregionen.
    d) lag der Anteil der Exporte deutscher Betriebe nach Asien unter 15 Prozent.

3. Dass deutsche Exporteure auf dem asiatischen Konsumgütermarkt wenig vertreten waren,

    a) war eher ein Vorteil.
    b) war eher ein Nachteil.
    c) spielte keine große Rolle.
    d) kam besonders dem Bausektor zugute.

4. Deutsche Unternehmen mussten _____ verzichten.

    a) nur auf den Maschinenbau
    b) nur auf den Anlagenbau
    c) auf Maschinen- und Anlagenbau
    d) nicht auf eine starke Position im Anlagen- und Maschinenbau

Text 7

Gäste, die diebischen Elstern*

42,5 Millionen Euro Verlust beklagt der Deutsche Hotel- und Gaststättenverband (Dehoga). Das Bundeskriminalamt hat pro Jahr 80 000 Fälle von Diebstahl in deutschen Hotels, Gaststätten und Pensionen zu bearbeiten. Unschöne Bilanz der Reisenden, die nach der Übernachtung alles mitgehen lassen, was nicht niet- und nagelfest ist. Zahnputzgläser und Wolldecken, Bademäntel und Fernbedienungen, Handtücher und kleine Teppiche. Gleichgültig, ob auf den Objekten das Hotellogo aufgedruckt ist oder nicht. Das Klauen scheint zum Sport geworden zu sein, und die diebischen Reisenden werden immer unverschämter: einer ließ sich einen stabilen Pappkarton einer exakt definierten Größe auf die Suite bringen, um so unbeachtet den hauseigenen Fernsehapparat aus dem Hotel zu schmuggeln.

*diebische Elstern *sagt man – nach dem schwarzweißen Rabenvogel, der glitzernde Gegenstände in sein Nest trägt, –, von Personen, die gern und oft stehlen.*

contact

---

1. Dem Artikel nach

   a) gilt der deutsche Hotel- und Gaststättenverband als kriminell.
   b) hat der Dehoga 80 Millionen Euro Verlust zu beklagen.
   c) gibt es mehr Diebstähle in deutschen Hotels als in Pensionen.
   d) wird in Hotels und Gaststätten gestohlen.

2. Die Reisenden stehlen,

   a) weil die Übernachtung zu teuer ist.
   b) weil sie Nieten und Nägel sammeln.
   c) was nicht fest angebracht ist.
   d) alles, was Wolldecken und Fernbedienungen gleicht.

3. Hier ein Beweis für die Unverschämtheit der Diebe:

   a) Objekte mit aufgedrucktem Hotellogo wurden in Pappkartons rausgeschmuggelt.
   b) Die Rechnung für die Suite wurde nicht beglichen.
   c) Sogar ein Hotelfernsehgerät verschwand.
   d) Ein Gast hat einen unverzollten Fernsehapparat auf seine Suite bringen lassen.

Text 8

> **Tourismus: Sehnsucht nach dem Süden**
>
> FRANKFURT a.M. Die Deutschen werden in diesem Jahr ihr Reisebudget um mindestens vier Prozent aufstocken. Dies prognostiziert die *Dresdner Bank*. Die Konjunktur habe zwar etwas an Fahrt verloren, dennoch dürften die erste Stufe der Steuerentlastung, die Erhöhung des Kindergeldes sowie eine geringe Teuerung den Haushalten wieder größere Möglichkeiten geben, mehr Geld auszugeben, erwarten die Fachleute. Sie rechnen mit einer Zunahme des privaten Verbrauchs um vier Prozent. Da der Urlaub nach wie vor einen großen Stellenwert unter den Freizeitaktivitäten einnehme, werde der Anteil der Reiseausgaben am Konsum mindestens konstant bleiben.
>
> Vom Fernweh der Bundesbürger profitieren in erster Linie die europäischen Nachbarn. Laut der Analyse haben Spanien und Italien gute Chancen, ihre Position als beliebteste Auslandsziele zu verteidigen. Mit der Einführung des Euro können aber Mitglieder der Währungsunion nur noch eine größere Nachfrage auf sich ziehen, wenn sie die Preise senken oder die Leistungen verbessern, heißt es in der Analyse des Frankfurter Geldhauses.
>
> Als Nutznießer des gemeinsamen Geldes sehen die Autoren auch die hiesige Tourismuswirtschaft. Sie leide künftig innerhalb des Euroraums nicht mehr unter den Aufwertungen der heimischen Währung, durch die sich ihre Angebote in der Vergangenheit häufig verteuerten.
>
> *Frankfurter Rundschau*

1. Der *Dresdner Bank* nach würden die Deutschen in diesem Jahr

    a) mehr Geld für ihre Freizeit ausgeben.
    b) ihr Reisebudget weniger als im vorigen Jahr erhöhen.
    c) ihr Reisebudget auf vier Prozent ihrer Gesamtausgaben bringen.
    d) mindestens vier Prozent ihres Reisebudgets einsparen.

2. Diese Prognose basiert auf der Tatsache, dass

    a) die Konjunktur nie so günstig gewesen ist.
    b) immer mehr Kinder in Deutschland auf die Welt kommen.
    c) die Lebenshaltungskosten nur mäßig gestiegen sind.
    d) der Staat dem Steuerzahler immer mehr in die Tasche greift.

3. Der Anteil der Reiseausgaben am Konsum bleibt konstant, weil

    a) der private Verbrauch konstant bleibt.
    b) die Reiseagenturen immer billigere Tarife anbieten.
    c) die Deutschen auf den Urlaub großen Wert legen.
    d) Reiseausgaben und Urlaubsbudget nichts gemeinsam haben.

4. Die Sehnsucht der Bundesbürger

    a) kommt besonders Spanien und Italien zugute.
    b) schadet besonders den südeuropäischen Ländern.
    c) hat die Position der europäischen Nachbarn geschwächt.
    d) nutzt vor allem den überseeischen Ländern.

5. In der Währungsunion würde es eine größere Nachfrage geben, wenn

    a) alle Länder dieselben Tarife verlangen würden.
    b) die Preise den angebotenen Leistungen entsprechen würden.
    c) verbesserte Leistungen erhöhte Preise rechtfertigen würden.
    d) der Urlaub billiger oder die Leistungen besser würden.

6. Die Tourismuswirtschaft profitiert von der gemeinsamen Währung, weil

    a) die Touristen Kreditkarten benutzen.
    b) die Banken eine Politik des teuren Geldes betreiben.
    c) die Preise überall gleich sein werden.
    d) es keine Währungsaufwertungen mehr geben wird.

Text 9

Geschichte einer Existenzgründung

Die *MorphoSys AG* ist das Musterbeispiel einer Existenzgründung. 1992 startete das Biotech-Unternehmen als Drei-Mann-Betrieb am *Max-Planck-Institut* in Martinsried. Schon ein Jahr später wurden die Räume zu klein und ein Umzug in größere, im *Münchner Technologie Zentrum*, Frankfurter Ring, notwendig. 1997 ging es wieder zurück nach Martinsried ins Innovationszentrum *Biotechnologie*. Für Oktober 1999 war der nächste große Schritt geplant. Da wurde das vierstöckige Labor- und Bürogebäude in Martinsried bezugsfertig. "Damit stand *MorphoSys* genügend Raum zur Verfügung, um weiter kräftig expandieren zu können", freute sich Thomas von Rüden, Mitglied des Vorstands, beim Richtfest.

Auf 5000 Quadratmetern (bisher waren es 1500) können die Forschungsarbeiten nun auf Hochtouren vorangetrieben werden. Das 26-Millionen-Objekt bietet *MorphoSys* ein gutes Umfeld: In der Nähe befinden sich zahlreiche Betriebe der Bio- und Gentechnikbranche, das *Klinikum Großhadern* sowie wissenschaftliche Forschungseinrichtungen.

MorphoSys stellt menschliche Antikörper für die Therapie bedrohlicher Erkrankungen sowie der biomedizinischen Forschung her. Heute beschäftigt das Unternehmen mehr als 60 Mitarbeiter. Seit Anfang März ist es, nach eigenen Angaben, als erstes deutsches Unternehmen der Biotechnologie am *Neuen Markt* börsennotiert.

Süddeutsche Zeitung

---

1. Die *MorphoSys AG*

    a) ist seit ihrer Gründung in große Schwierigkeiten geraten.
    b) hat wegen ihres Erfolgs schnell umziehen müssen.
    c) ist 1997 nach Frankfurt gezogen.
    d) wurde schnell vom Ein-Mann- in einen Drei-Mann-Betrieb umgewandelt.

2. Im Jahre 1997

    a) hat die Gesellschaft endgültig auf den Standort Martinsried verzichtet.
    b) war das Bürogebäude bereits bezugsfertig.
    c) ist die *MorphoSys AG* wieder nach Martinsried zurückgekehrt.
    d) war ein neuer Umzug nach Frankfurt geplant.

3. Der neue Standort

    a) bot der Gesellschaft ein günstiges Umfeld.
    b) zog eine finanzielle Belastung nach sich.
    c) war für die AG ein Hemmschuh.
    d) schädigte die Forschungseinrichtungen der Nachbarbetriebe.

4. *MorphoSys*

    a) hat schon bei der Gründung 60 Mitarbeiter gezählt.
    b) wird 60 neue Mitarbeiter einstellen.
    c) wird nicht weiter expandieren.
    d) ist seit März an der Börse zugelassen.

Text 10

DGB fordert geänderte Berufsausbildung

Ein neues System zur Neuordnung der Ausbildungsberufe hält der Deutsche Gewerkschaftsbund (DGB) für erforderlich. DGB-Vorstandsmitglied Regina Körner räumte in Bonn ein, dass die Reform der Berufe voranschreite, was daran zu sehen sei, dass allein in den vergangenen drei Jahren 101 Berufe neu geordnet worden seien. Das berge aber die Gefahr, dass die Ausbildung immer spezialisierter werde. Dabei könne Berufsausbildung heute nicht mehr nur eine abgegrenzte Spezialisierung bedeuten, sondern müsse über die erforderliche Anpassung an neue technische oder arbeitsorganisatorische Entwicklungen hinaus auch den Wechsel innerhalb von Tätigkeitsfeldern ermöglichen. Es müssten mehr Grundlagen und mehr Wahlmöglichkeiten geschaffen werden. Es sollte weniger auf Spezialisierung, dafür aber auf die Einrichtung von Schnittstellen zwischen verschiedenen Ausbildungen und auf mehr Transparenz in beruflichen Qualifikationen geachtet werden.

Regina Körner hält die Forderung von immer mehr Branchen und Unternehmen nach maßgeschneiderten Ausbildungsordnungen für falsch. In einem 10-Punkte-Programm spricht sich der DGB deshalb dafür aus, Berufsfelder grundsätzlich im Zusammenhang miteinander neu zu ordnen. Dabei sollte man auf ein einheitliches Schema achten, bei dem zwischen Fachqualifikationen unterschieden werden müsse. An den mindestens drei Jahre dauernden Ausbildungszeiten sollte festgehalten werden.

---

1. Für DGB-Vorstandsmitglied Regina Körner

    a) ist eine Reform der Ausbildungsberufe überflüssig.
    b) wird die Reform der Berufe bald starten.
    c) musste man in den vergangenen Jahren dreimal mehr Berufe neu ordnen.
    d) ist ein neues System zur Ordnung der Ausbildungssysteme dringend notwendig.

2. Künftig soll die Berufsausbildung

    a) sich auf immer mehr Teilbereiche spezialisieren.
    b) Anpassung und Mobilität fördern.
    c) den ständigen Berufswechsel einschränken.
    d) nur die technologische Anpassung zum Ziel haben.

3. Voraussetzung für das neue System ist

    a) die Wahlmöglichkeit bei der Berufsausbildung.
    b) eine gesteigerte Spezialisierung.
    c) weniger Qualifikation, aber mehr Transparenz.
    d) weniger Transparenz, aber mehr Qualifikation.

4. Als DGB-Vorstandsmitglied

    a) befürwortet Regina Körner maßgeschneiderte Ausbildungsordnungen.
    b) vertritt sie eine Abkoppelung der verschiedenen Berufsfelder.
    c) steht sie für das Festhalten an einer dreijährigen Ausbildungszeit.
    d) hält sie die abgegrenzte Spezialisierung für unbedingt notwendig.

Text 11

Lauingens türkische Seite
Mischkonzern Kombassan investiert in Schwaben   von Andrea Ross

Lauingen – Der türkische Mischkonzern *Kombassan*, der weltweit 30 Milliarden Umsatz macht und 40 000 Mitarbeiter beschäftigt, will jetzt in der schwäbischen Kleinstadt Lauingen (Landkreis Dillingen) investieren. Dies hat der Vorstandschef des Konzerns, Hasim Bayram, bei einem Besuch in Lauingen angekündigt. Der moslemische Firmenchef möchte auf diese Weise das besondere Engagement der Stadt Lauingen und ihres Bürgermeisters Georg Barfuß bei der Integration türkischer Mitbürger honorieren. In der 11 000 Einwohner zählenden Stadt Lauingen leben 800 Türken. Lauingen war die erste Kleinstadt Bayerns, die ihren türkischen Mitbürgern den Bau einer türkischen Moschee genehmigt hat.

CSU-Bürgermeister Barfuß, dessen ausländerfreundliche Politik in der eigenen Partei schon manche Irritationen ausgelöst hat, ist von dem türkischen Angebot begeistert: „Das ist wie ein Märchen aus 1000 und einer Nacht.“ Mit der geplanten Investition wird der *Kombassan*-Konzern auch seine deutsche Niederlassung in dem Kleinstädtchen an der Donau ansiedeln. *Kombassan* betreibt nach eigenen Angaben eine Kaufhauskette in den USA, ist der größte Reifenhersteller Vorderasiens und außerdem in der Bau- und Lederbranche tätig. In Lauingen ist offenbar an ein Joint-Venture mit einer Berliner Firma gedacht, die sich auf dem Gebiet der Solar- und Brennstoffzellentechnik engagiert.
Die Berliner bringen das technische Know-how ein und die Türken das Kapital. „Hier wird eine völlig neue Fabrik gebaut. Die Türken sind sehr an einer High-Tech-Produktion interessiert“, sagt Bürgermeister Barfuß. Angeblich ist der Mischkonzern aus der Türkei bereit, in Lauingen bis zu 50 Millionen Euro zu investieren.

Süddeutsche Zeitung

1. Der türkische Konzern-Vorstandschef beabsichtigt

a) die Anzahl seiner Mitarbeiter weltweit zu erhöhen.
b) in Schwaben zu investieren.
c) die schwäbische Kleinstadt Lauingen um jeden Preis zu vermeiden.
d) seinen Besuch in Schwaben wegen Ausländerfeindlichkeit aufzuschieben.

2. Mit diesem Entschluss will er

a) den Bürgermeister der Stadt scharf kritisieren.
b) die Baugenehmigung für eine zweite Moschee erhalten.
c) dem Schwaben Barfuß für seine Ausländerfreundlichkeit danken.
d) gegen die Ausländerfeindlichkeit in Lauingen protestieren.

3. Die Parteifreunde des CSU-Bürgermeisters

a) sind von der Ankündigung des moslemischen Unternehmers ganz begeistert.
b) teilen die Begeisterung ihres Lauinger Parteifreunds.
c) sprechen von einem „Märchen aus 1000 und einer Nacht“ an der Donau.
d) sind eher zurückhaltend gegenüber der Ausländerpolitik ihres Kollegen.

4. Der Mischkonzern *Kombassan*

a) betreibt Kaufhausketten in Vorderasien.
b) stellt Reifen und Lederwaren in den USA her.
c) lehnt Joint-Ventures ab.
d) denkt an ein Joint-Venture mit einer Berliner Firma.

Text 12

Die ersten Schritte auf den virtuellen Weltmarkt

Schwindelerregende Zahlen: 1990 Milliarden Dollar werden bald die Umsatzzahlen der im elektronischen Handel tätigen europäischen Unternehmen betragen. Bei kleineren und mittleren Betrieben sind die wirtschaftlichen Potenziale jedoch bei weitem nicht ausgeschöpft. Wer morgen weltweite Kooperation sucht und sich auf internationalen Märkten strategisch positionieren will, der muss heute schon die ersten Schritte auf den elektronischen Markt tun.

Aller Anfang ist schwer – aber er muss in Angriff genommen werden. Wichtige Voraussetzung: ein Vertrauensvorschuss in die neuen Technologien, denn Internet ist längst nicht mehr der Tummelplatz von Computerfreaks. Vor zwei Jahren gab es in der Bundesrepublik 700 000 Internetanschlüsse, zwölf Monate später waren es bereits 1,1 Millionen, eine Steigerung von 57 Prozent. Experten schätzen, dass in ein paar Jahren bereits mehr als die Hälfte der Weltbevölkerung mit Produkten und Dienstleistungen über Internet als Vertriebskanal erreicht werden kann. Der elektronische Handel umfasst aber auch die Umgestaltung und Optimierung bisheriger Geschäftsprozesse. Für Unternehmen eröffnen sich dabei völlig neue Möglichkeiten zur Qualitätsverbesserung, Zeiteinsparung und Kostenreduzierung. Die ersten Schritte sind entscheidend, sie begründen Erfolg oder Fehlschlag zukünftiger Aktionen.

contact

---

1. Dem Artikel nach

    a) wurden 1990 Milliarden Dollar in den elektronischen Handel investiert.
    b) hat der Umsatz des elektronischen Handels schon 1990 Milliarden Dollar erreicht.
    c) haben europäische Elektronik-Unternehmen die umsatzstärksten Potenziale der Welt.
    d) macht der elektronische Handel in Europa riesige Fortschritte.

2. Was wird behauptet?

    a) Alle kleineren und mittleren Unternehmen sind bereits an das Internet angeschlossen.
    b) Nur mittlere Unternehmen verfügen über einen Internet-Anschluss.
    c) Klein- und Mittelbetriebe haben auf dem virtuellen Markt noch viele Möglichkeiten.
    d) Die modernen Marktstrategien ignorieren den elektronischen Markt.

3. Nach Schätzungen von Experten

    a) kann man nur die Hälfte der Weltbevölkerung über Internet erreichen.
    b) wird Internet bald einer der besten Vertriebswege für Dienstleistungen sein.
    c) wird man Produkte und Dienstleistungen nur noch virtuell vertreiben.
    d) wird man Dienstleistungen nie über Internet vertreiben.

4. Durch den elektronischen Handel

    a) steigen die Vertriebskosten.
    b) gibt es keine Qualitätsverbesserung.
    c) nehmen die Fehlschläge in den Unternehmen zu.
    d) werden die Unternehmer künftig bessere Geschäfte machen.

Text 13

Messewirtschaft im Überblick

Die Konkurrenz unter den Messegesellschaften ist im Inland groß. Das werden auch die wenigen neu einzustellenden Messemanager zu spüren bekommen. Flexibel, belastbar und teamfähig sollen sie sein – sich in flachen Hierarchien zurechtfinden und als Projektmanager durchsetzen. Wer sein Geld im Messewesen verdienen will, muss die Dienstleistungen absolut in den Vordergrund stellen – teilen die Personalabteilungen mit. Allerdings warnen Insider davor, sich auf Messen und Messeveranstalter als zukünftige Arbeitgeber zu versteifen. Der Bedarf sei – wenn überhaupt – äußerst gering, heißt es in allen Messen. Oftmals seien Neueinstellungen an einer Hand abzuzählen. Und selbst das wecke viel zu viel Interesse. Ein Personalchef bat inständig: „Schreiben Sie bloß nichts, sonst habe ich hinterher wieder jede Menge Bewerbungen auf dem Tisch und weiß nicht, wohin damit!" Als Messe-Trainees kommen in erster Linie Betriebswirtschaftler in Frage. Aber auch Geisteswissenschaftler bekommen eine Chance.

---

1. In diesem Artikel geht es um die

  a) Entwicklung neuer Projekte.
  b) Finanzierung des Messewesens.
  c) Neueinstellung von Managern.
  d) Veranstaltung von Messen im Ausland.

2. Die Bewerber sollten

  a) keine Soziallasten zu tragen haben.
  b) vor ihren Chefs Respekt haben.
  c) zum Abbau hierarchischer Strukturen beitragen.
  d) Durchsetzungsvermögen an den Tag legen.

3. Wer sein Geld im Messewesen verdienen will,

  a) darf sich nicht als Dienstleister verstehen.
  b) soll sich als künftiger Arbeitgeber präsentieren.
  c) soll vor Insiderdelikten gewarnt werden.
  d) muss mit einer starken Konkurrenz rechnen.

4. Ein Personalchef bat den Journalisten,

  a) für den Messemanager-Beruf Werbung zu machen.
  b) über die rosige Zukunft des Messewesens zu berichten.
  c) die Bewerbungen von Interessenten ja nicht zu fördern.
  d) Betriebswirtschaftler abzulehnen.

Text 14

Kids im Kaufrausch
Eine neue Verbraucher-Analyse

Deutschlands Kinder und Jugendliche plündern ihre Sparbücher, um Videospiele, Handys oder Computerzubehör zu kaufen. Die Folge: Die Generation zwischen sechs und siebzehn Jahren hat derzeit fast eine Mrd. Euro weniger Sparguthaben als vor einem Jahr.

Zu diesem erschreckenden Ergebnis kommt eine Konsum-Studie, die drei Verlage, *Heinrich Bauer, Axel Springer* und *Bastei,* vorgestellt haben.

»Kids-Verbraucher-Analyse« heißt die Untersuchung, die die Verlage seit 1993 einmal im Jahr in Auftrag geben. In diesem Jahr hatten die Institute *Ifak, Marplan* und *Median* 2170 Kinder und Jugendliche und deren Eltern nach Freizeit- und Konsumverhalten befragt. Ein Ziel ist herauszufinden, über wie viel Kaufkraft die junge Generation selbst verfügt. Dazu erfragen die Institute, mit wie viel Taschengeld, Geldgeschenken und anderen Einnahmen die Befragten in diesem Jahr rechnen können; dazu wird addiert, was die Kids aus früheren Jahren angespart haben.

Ergebnis: Die 9,89 Millionen Kinder und Jugendlichen von sechs bis siebzehn Jahren können dieses Jahr über 9 Mrd. Euro eigenes Geld verfügen. Im vorigen Jahr waren es 10 Mrd. Euro – also deutlich mehr. Das liegt aber nicht daran, dass Eltern und Verwandte weniger großzügig mit Taschengeld oder Geschenken sind – sondern daran, dass die Kids weniger Sparguthaben haben.

Die Welt

1. Die neue Konsum-Studie stellt fest, dass

    a) die Jugendlichen immer weniger für Videospiele ausgeben.
    b) Handys und Computer nicht zu den Prioritäten der Kinder gehören.
    c) die Sparbücher junger Konsumenten für den Erwerb elektronischer Geräte geleert werden.
    d) die Sparguthaben der Jugendlichen immer bedeutender werden.

2. Die Analyse

    a) wird seit 1993 von Verlagshäusern regelmäßig durchgeführt.
    b) wird seit 1993 jedes Vierteljahr von Verlagen in Auftrag gegeben.
    c) wird von den Eltern junger Volljähriger jährlich ausgewertet.
    d) wendet sich an jeden Bürger unserer Freizeitgesellschaft.

3. Was will diese Studie herausfinden?

    a) Wie viel die junge Generation ausgeben kann.
    b) Ob das Taschengeld als Liebesbeweis der Eltern angesehen werden kann.
    c) Ob die Einnahmen den Ausgaben der Kinder entsprechen.
    d) Ob die Befragten viele Videospiele kaufen.

4. Dem Artikel nach

    a) sparen die Kinder und Jugendlichen immer mehr.
    b) haben die Kinder in diesem Jahr weniger gespart.
    c) wollen die jungen Konsumenten überhaupt nicht mehr sparen.
    d) geben die Eltern ihren Kindern immer weniger Taschengeld.

Text 15

Standort Deutschland besser als sein Ruf

Die einen behaupten, ein Land mit einem Handelsbilanzüberschuss von über 50 Milliarden Euro könne kaum wettbewerbsfähiger werden, und verweigern mit diesem Argument notwendige Reformen. Andere malen den Standort schwarz. Beides ist falsch, Miesmacherei genauso wie Schönfärberei. Eine Analyse von Hans-Peter Stihl, Präsident des Deutschen Industrie- und Handelstages.

Tatsache ist, dass
- der Standort Deutschland Stärken, aber auch Schwächen hat;
- ausländische Unternehmen viel zu oft einen weiten Bogen um uns machen, wenn sie Investitionen planen;
- wir mehr ausländische Investitionen benötigen, um Arbeitsplätze zu schaffen;
- der Standort Deutschland besser als sein Ruf ist und dass wir mehr tun müssen, um sein Ansehen im Ausland wieder zu verbessern. Investoren scheuen Deutschland nicht nur wegen objektiv schlechter Bedingungen wie Steuerlast und Regulierungen.

Ist der Ruf eines Landes erst einmal verdorben, dann kostet es gewaltige Anstrengungen, ihn wieder ins Lot zu bringen. Sie kennen vielleicht den Spruch: „Wer den Ruf eines Frühaufstehers hat, kann getrost den ganzen Morgen im Bett bleiben." Umgekehrt kann man aber auch sagen: „Wer den Ruf eines Langschläfers hat, der muss zwei Dinge tun. Erstens: Er muss früher aufstehen. Und zweitens: Er muss dafür sorgen, dass bekannt wird, dass er früher aufsteht." Auf den Standort Deutschland gemünzt heißt das: Wir müssen an den nach wie vor bestehenden Standortproblemen weiter arbeiten – und das Wichtigste bleibt die Steuerreform. Wir müssen aber auch ein differenzierteres, realitätsgerechtes Bild von Deutschland malen. Deutschlands schlechtes Standortimage läuft ansonsten Gefahr, sich zu verselbstständigen – und zwar unabhängig vom objektiven Befund. Neben der Arbeit an den objektiven Faktoren müssen wir auch die über unser Land herrschenden Vorurteile und Klischees ausräumen.

contact

---

1. Was meint der Präsident des Deutschen Industrie- und Handelstages?

a) Deutschland braucht ausländische Investoren.
b) Die wirtschaftlichen Strukturen müssen reformiert werden.
c) Der Standort Deutschland bietet für Investoren nur Vorteile.
d) Deutschland kann nichts tun, um seinen Ruf zu verbessern.

2. Er stellt fest, dass

a) Deutschland wie ein Magnet auf ausländische Unternehmen wirkt.
b) die Schaffung neuer Arbeitsplätze ohne ausländische Investitionen unmöglich ist.
c) das Prestige Deutschlands im Ausland nicht gefördert zu werden braucht.
d) die Steuerlast allein die Investoren abschreckt.

3. Mit dem Beispiel des „Langschläfers" wird gemeint, dass

a) es zu viele Langschläfer in Deutschland gibt.
b) Deutschland seine Chance als günstiger Standort verpasst hat.
c) der Standort Deutschland immer noch sein Image verbessern muss.
d) die Steuerreform aufgeschoben werden kann.

4. Was wird behauptet?

    a) Der Standort Deutschland leidet nach wie vor unter Vorurteilen.
    b) Klischees über Deutschland sind längst verschwunden.
    c) Die Debatte über das Standort-Image ist riskant.
    d) Ein differenziertes Bild Deutschlands wirkt sich negativ aus.

5. Als Standort hat Deutschland

    a) nur Stärken.
    b) nur Schwächen.
    c) mehr Stärken als Schwächen.
    d) sowohl Stärken als auch Schwächen.

Text 16

Neue Plätze für Frauen

Allen Schwarzsehern zum Trotz hat der Strukturwandel in den letzten zwanzig Jahren wesentlich mehr Arbeitsplätze geschaffen als vernichtet. Von den Veränderungen am Arbeitsmarkt profitieren besonders Frauen: Sie haben zwei von drei der insgesamt 2,16 Millionen neuen Jobs bekommen.

Als einer der Hauptschuldigen für den immer höheren Sockel der Arbeitslosigkeit wird häufig der Strukturwandel genannt – zu Unrecht. Denn allein in den alten Bundesländern stieg die Zahl der sozialversicherten Beschäftigten in den Jahren 1976 bis 1997 letztendlich um fast 11 Prozent.

Auf der Sonnenseite der Beschäftigung standen nicht weniger als 123 der insgesamt 294 Wirtschafts-Branchen. Die meisten Jobs schufen das freiberufliche Gesundheitswesen sowie die Unternehmensberater und Architekten. Aber auch Zeitarbeits-Firmen schossen wie Pilze aus dem Boden: Sie weiteten ihr Stellenangebot um mehr als 1200 Prozent aus.

Bei einigen Branchen herrschte dagegen Eiszeit. Allein bei Warenhäusern, im Bergbau, in der Stahlindustrie und beim Bau gingen über 760 000 Arbeitsplätze verloren – vor allem für Männer. Denn in den Verlierer-Branchen sind – mit Ausnahme der Warenhäuser – mehr als 90 Prozent der Stellen von Männern besetzt. Die Job-Magneten sind dagegen fest in Frauenhand: Rund neun von zehn Beschäftigten im freiberuflichen Gesundheitswesen sind Frauen. In Heimen sind etwa 80 Prozent, in Kliniken rund 75 Prozent der Mitarbeiter weiblich. Frauen profitieren damit noch mehr als die Männer vom Strukturwandel: Ihr Anteil an der Beschäftigung ist innerhalb der vergangenen zwanzig Jahre von knapp 38 auf über 43 Prozent gestiegen. Und seit 1995 liegt die Arbeitslosenquote der Frauen sogar etwas niedriger als die der Männer.

contact

1. Die Veränderungen am Arbeitsmarkt sind besonders _____ zugute gekommen.

   a) den Dauerarbeitslosen
   b) den Jugendlichen
   c) den Frauen
   d) den Männern

2. Verantwortlich für die steigende Arbeitslosigkeit sei

   a) die veränderte Alterspyramide.
   b) der Generationenwechsel.
   c) der Rückgang der Sozialversicherung in den letzten zwanzig Jahren.
   d) die tiefgreifende Veränderung der gesellschaftlichen Strukturen.

3. Vom Lichtblick am Arbeitsmarkt profitierten am meisten

   a) die Bauarbeiter.
   b) die Warenhäuser.
   c) die Zeitarbeits-Firmen.
   d) die Arbeiter der Stahlindustrie.

4. Innerhalb der letzten zwanzig Jahre

    a) ist jede dritte Stelle im Gesundheitswesen von einer Frau besetzt worden.
    b) haben 80 Prozent der Frauen einen Job gefunden.
    c) ist der Frauenanteil an der Beschäftigung um 38 Prozent gestiegen.
    d) hat sich die Situation der arbeitslosen Frauen regelmäßig verbessert.

5. Der Strukturwandel in der deutschen Wirtschaft ist

    a) eher positiv.
    b) eher negativ.
    c) weder positiv noch negativ.
    d) nicht zu begrüßen.

Text 17

Online-Anbieter am Pranger
Verbraucherverbände kritisieren mangelnden Daten- und Verbraucherschutz

Bonn/Düsseldorf – Die meisten Online-Anbieter in Deutschland vernachlässigen Datenschutz und Ver-braucherrechte. Diesen Vorwurf erhoben der Bundesdatenschutzbeauftragte Joachim Jacob und die Arbeitsgemeinschaft der Verbraucherverbände (AgV) am Dienstag gemeinsam in Bonn.
So seien auf Internet-Seiten häufig gar keine oder nur unvollständige Anbieteradressen angegeben, was es erschwere, beispielsweise Garantierechte in Anspruch zu nehmen. Auch würden vielfach Kundenda-ten unautorisiert gespeichert, sicherheitsrelevante Daten nicht verschlüsselt, Preise nur unvollständig angegeben und Geschäftsbedingungen vorenthalten.

Die Verbraucherverbände ließen mehrere tausend Internet-Seiten auswerten und auf dieser Basis zwei Gutachten zum Umgang der Online-Anbieter mit Kundenrechten und Datenschutz erstellen. Dabei wurden laut AgV „gravierende Defizite" bei der Anbieterkennzeichnung und der Wahrung der Per-sönlichkeitsrechte des Kunden zutage gefördert. Wer im Internet etwas bestellen wolle, werde oftmals im Voraus zur Kasse gebeten, ohne dass immer klar erkennbar sei, wer hinter diesem Angebot stehe. Im Garantiefall oder bei Rückgabewunsch stehe der Kunde dann im Regen. „Die wenigsten Anbieter gestalten die Kennzeichnung gesetzeskonform", kritisierte AgV-Geschäftsführerin Anne-Lore Köhne.

Außerdem werden nach Erkenntnissen von Daten- und Verbraucherschützern oft viel mehr Kunden-daten abgefragt, als für den eigentlichen Geschäftsvorgang benötigt würden. Die Mehrzahl der Anbie-ter setze zudem Techniken wie die sogenannten Cookies ein; mit deren Hilfe würden zusätzliche Informationen über Gewohnheiten und Vorlieben der Nutzer erhoben, ohne dass diese etwas davon mitbekommen. Es sei sogar möglich, dass Nutzerdaten von Dritten abgefragt werden, ohne dass der Verbraucher überhaupt merkt, dass ein Online-Kontakt zu diesen Firmen besteht. Deshalb riet die AgV den Verbrauchern, Internet-Seiten mit dubios gestalteten Angeboten, unverschlüsselter Abfrage der Kreditkartennummer und mangelhafter Adressenangabe zu meiden.

---

1. Datenschutzbeauftragter Joachim Jacob wirft den Online-Anbietern Folgendes vor:

    a) Kundenadressen werden über Internet jedem mitgeteilt.
    b) Verbraucherrechte werden von allen Anbietern vernachlässigt.
    c) Die Adressen der Online-Anbieter sind fast nie komplett.
    d) Es gibt keine Garantie für den elektronischen Handel.

2. Was wird ihnen noch vorgeworfen?

    a) Die Kundendaten sind nie verschlüsselt.
    b) Die Preise sind zu hoch.
    c) Fast keine Daten werden gespeichert.
    d) Die Geschäftsbedingungen sind oft nicht klar angegeben.

3. Was stellten die Verbraucherverbände fest?

    a) Es herrscht Unklarheit, was die Anbieter betrifft.
    b) Man achtet auf die Rechte der Verbraucher.
    c) Jeder Kunde hat mindestens eine gute Online-Erfahrung gemacht.
    d) Es wurden keine gravierenden Defizite gefunden.

4. Was stellten die Gutachter noch fest?

    a) Das Angebot im Internet ist nie genau definiert.
    b) Kunden mit Garantieproblemen wird nicht geholfen.
    c) Die meisten Anbieter halten das Kennzeichnungsgesetz ein.
    d) Die Kunden werden über die Angebote genau informiert.

5. Dem Artikel nach

    a) werden die Nutzerdaten vor Dritten nicht geschützt.
    b) haben die Firmen keinen Zugang zu den Nutzerdaten.
    c) werden nie Informationen über die Nutzer gesammelt.
    d) bekommt man bei Firmenkontakten frisch gebackene Cookies.

6. Deshalb rät die AgV,

    a) dubiosen Verbrauchern aus dem Weg zu gehen.
    b) den Online-Anbietern keine komplette Adresse anzugeben.
    c) Web-Seiten selbst zu gestalten.
    d) nur über Internet-Seiten mit verschlüsselter Abfrage von Kreditkartennummern zu bestellen.

Text 18

Warum Handys in Banken „sehr unerwünscht" sind

Dauertelefonierer müssen sich in Zürich andere Orte aussuchen als die Schalterhallen der Banken. Dort sind Telefongespräche mit Handys nämlich entweder verboten oder unerwünscht. Damit wollen die Banken verhindern, dass Räuber an ihre Komplizen Informationen über Transaktionen der Bankkunden weitergeben.

In den Schalterhallen der *Zürcher Kantonalbank (ZKB)* sind deshalb beim Eingang Verbots-Kleber für Handys angebracht. *ZKB*-Sprecherin Rahel Hartmann bestätigt, dass der Sicherheitsdienst der Bank Kenntnis davon bekommen habe, wie sich Räuber in den Schalterhallen aufhielten und die Abwicklung von Bankgeschäften beobachteten. Wenn ein Kunde eine größere Geldmenge bezog, habe der Räuber einen vor der Bank wartenden Komplizen über das Handy informiert. Darauf sei dieser dem Kunden gefolgt und habe ihn überfallen. Die *ZKB* sieht das Handy-Verbot als präventive Maßnahme zum Schutz der Kunden. Wenn sich jemand nicht an das Verbot hält, wird er oder sie darauf aufmerksam gemacht. Probleme habe es deswegen keine gegeben, sagt die *ZKB*-Sprecherin: „Die Kunden akzeptieren das Verbot."

Auch bei den Großbanken *UBS* und *Crédit Suisse* darf nicht mit Handys in den Schalterräumen telefoniert werden. Ein grundsätzliches Verbot gibt es aber nicht und auch keine Verbots-Kleber. Bei der *UBS* werden die Kunden von Hostessen und Portiers höflich aufgefordert, das Telefongespräch außerhalb der Bank zu beenden. *UBS*-Sprecher Rudolf Bürgin weist jedoch darauf hin, dass sich das Problem vor allem in den großen Filialen, etwa an der Bahnhofstraße, stelle. Dort gehen viele Leute ein und aus, und die Angestellten kennen die Kunden nicht persönlich.

Für die *Crédit Suisse (CS)* ist die Prävention von Raubüberfällen nicht der einzige Grund, warum Handys „sehr unerwünscht" sind, erklärt *CS*-Sprecher Georg Söntgerath. Es stört auch viele Kunden, wenn jemand in ihrer Nähe laut telefoniert.

1. In den Banken von Zürich sind Telefongespräche mit Handys verboten, weil

a) sie die Schalterangestellten bei der Arbeit stören.
b) Komplizen über Bankgeschäfte informiert werden können.
c) weniger Bankgeschäfte getätigt werden.
d) die Schweizer technologiefeindlich eingestellt sind.

2. Die *ZKB*-Sprecherin bestätigt, dass

a) die Bankkunden gegen Verbots-Kleber in den Schalterhallen sind.
b) Bankspione keine leere Drohung sind.
c) der Sicherheitsdienst der Bank überfordert ist.
d) die Kunden keine großen Geldbeträge mehr abheben wollen.

3. Weiter erfährt man:

a) Kunden, die das Verbot nicht beachten, erhalten sofort eine Geldstrafe.
b) Als präventive Maßnahme ist das Handyverbot ungeeignet.
c) Wegen Problemen mit den Kunden wurde das Handyverbot aufgehoben.
d) Die Kunden zeigen großes Verständnis für das Verbot.

4. Für die *Crédit Suisse* sind Handys auch unerwünscht, weil viele Kunden

a) durch die Gespräche gestört werden.
b) in der Nähe der Hostessen nicht telefonieren möchten.
c) glauben, in einer Bahnhofshalle zu sein.
d) meinen, dass Handys zu Raubüberfällen führen.

Text 19

Servicejobs der Zukunft

Die Bundesrepublik hat noch Nachholbedarf bei den Servicejobs – nicht nur gemessen an amerikanischen Verhältnissen, sondern auch im Vergleich zu wichtigen europäischen Ländern. Ein Blick auf den Dienstleistungschampion Dänemark zeigt, wo die Deutschen ansetzen könnten, um gegen die Arbeitslosigkeit vorzugehen.

Dänemark ist ein wahres Dienstleistungsparadies. Je 1000 Einwohner stehen dort 356 Servicejobs zur Verfügung – etwa genauso viele wie in den USA und deutlich mehr als im Vereinigten Königreich und den Niederlanden, die immerhin gut 320 Dienstleistungsstellen je 1000 Einwohner anzubieten haben.

Deutschland dagegen liegt mit 273 Dienstleistern pro 1000 Einwohner zwar über dem europäischen Durchschnitt, aber im Vergleich zu Dänemark fehlen hierzulande pro 1000 Einwohner mehr als 80 Jobs in den Servicebranchen. Hochgerechnet auf die Bevölkerung von rund 82 Millionen ergibt das eine Dienstleistungslücke von rund 6,5 Millionen Stellen.

Vor allem wenig qualifizierte Arbeitskräfte haben es hierzulande schwerer als in Dänemark. Pro 1000 Einwohner finden in Deutschland nur 39 Hilfskräfte einen Job, in Dänemark sind es immerhin 63. Im direkten Vergleich fehlen in Deutschland allein 1,3 Millionen Dienstleistungsjobs für wenig qualifizierte Arbeitskräfte. Das ist Grund genug, Arbeitsverträge und Löhne gerade bei Hilfskräften flexibler zu gestalten.

Eine üble Gewohnheit sollte die Bundesrepublik allerdings nicht von Dänemark übernehmen: Die Expansion des Dienstleistungssektors geht bei unserem Nachbarn im Norden zu weiten Teilen zu Lasten der Steuerzahler. Denn in Dänemark werden 45 Prozent der Servicejobs von staatlichen Stellen angeboten, 20% mehr als in Deutschland und doppelt so viel wie in Amerika, wo Dienstleistungen überwiegend Privatsache sind.

contact

1. Dem Artikel nach

   a) gibt es in Deutschland kein Dienstleistungsproblem.
   b) verfügt Amerika über mehr Servicejobs als Deutschland.
   c) hat Dänemark den größten Nachholbedarf bei Dienstleistungsberufen.
   d) ist Dänemark kein Modell, um die Arbeitslosigkeit zu bekämpfen.

2. Was die Anzahl der Servicejobs angeht,

   a) wird Dänemark als ein wahres Paradies betrachtet.
   b) sind die Bedingungen in Amerika noch besser.
   c) ist das Vereinigte Königreich der Dienstleistungschampion.
   d) beläuft sich das deutsche Defizit an Arbeitsplätzen auf 6,5%.

3. Der Journalist betont, dass

   a) es Hilfskräfte in Dänemark schwer haben.
   b) deutsche Hilfskräfte dreimal weniger Jobs als dänische finden.
   c) die Arbeitsverträge für deutsche Hilfskräfte wenig flexibel sind.
   d) Deutschland im Vergleich zu Dänemark bei Dienstleistungsberufen besser abschneidet.

4. Das dänische System wird kritisiert, weil

    a) Dienstleistungen immer Privatsache bleiben müssen.
    b) Dienstleistungsjobs überwiegend vom Staat subventioniert werden.
    c) der Staat keine Servicejobs mehr schafft.
    d) die Dienstleistungsbranche 20% des Steuervolumens für sich verlangt.

Text 20

Korruption: Die Ehrlichen sind die Dummen

Egal ob Herzklappen-Skandal, Zebrastreifen-Kartell oder Klüngelwirtschaft – auch in Deutschland gibt es in Staat und Wirtschaft längst nicht nur Saubermänner. Über das Ausmaß der Schäden, die durch Schmiergelder und Vetternwirtschaft entstehen, lässt sich nur spekulieren. Doch unbestritten ist eines: Korruption ist weder mit Marktwirtschaft noch mit Demokratie vereinbar. Aber vielleicht wird ja alles besser, ehrlicher und transparenter: Zehn Industriestaaten haben sich nun verpflichtet, Unternehmen auf die Finger zu schauen, die Geld unter dem Tisch bezahlen. Mit Androhung von Freiheitsstrafen und Geldbußen in Millionenhöhe.

Korruption ist ein weltweites Phänomen – so die Organisation *Transparency International*, die jedes Jahr Unternehmer, Manager, Beamte und Politiker um ihre Einschätzung unerlaubter Geschäftsprakti-ken rund um den Globus bittet. Auf ihrer Länderliste werden derzeit 54 Staaten geführt. Demnach ist Korruption auch in Europa weit verbreitet.

Vor allem Italien, Spanien und Griechenland gelten als Länder mit hoher Korruptionsdichte. Aber auch Deutschland zählt nach Meinung der Experten keineswegs zu den Nationen mit weißer Weste. Auf dem Korruptions-Index rangiert es an 42. Stelle – zwar hinter den USA und Japan, aber vor den skandina-vischen Ländern. Demnach ist in knapp einem Viertel der erfassten Länder Bestechlichkeit weniger stark ausgeprägt als in Deutschland. Als Spitze des Korruptions-Eisbergs in Deutschland lassen sich 2875 Fäl-le ausmachen, die das Bundeskriminalamt in einem Jahr aufdeckte. Schätzungen des Bundes deutscher Kriminalbeamter gehen jedoch von einem jährlichen Schaden für die deutsche Volkswirtschaft von etwa 10 Milliarden Euro aus.

Diese Zahl erfasst allerdings nur die materiell zu beziffernden Schäden und nicht die Vertrauensver-luste in die politische Ordnung, in Staat, Verwaltung und Wirtschaft. Denn bei aller Verwerflichkeit im Allgemeinen handelt es sich in vielen Einzelfällen um eine ethische Gratwanderung.

So handelt ein Unternehmer im Ruhrgebiet, der beispielsweise einen afrikanischen Auftrag für seinen Betrieb nur dadurch bekommen kann, dass er die Verantwortlichen vor Ort schmiert, zwar moralisch verwerflich. Auf einem anderen Blatt steht aber, dass er mit diesem Auftrag gleichzeitig 80 neue Arbeitsplätze am heimischen Standort schafft.

contact

---

1. Was erfährt man in diesem Artikel?

   a) Deutschland bleibt von der Korruption verschont.
   b) In Deutschland gibt es keine Bestechungen.
   c) Man kennt das Ausmaß der Schäden genau.
   d) Auch deutsche Unternehmer arbeiten mit illegalen Mitteln.

2. Was wird behauptet?

   a) Langfinger sind unter dem Tisch am Werk.
   b) Die Industrienationen wollen gegen die Korruption kämpfen.
   c) Die Industriestaaten sind gegen Geld- und Freiheitsstrafen.
   d) Die Korruption ist eine banale Sache.

3. Der Organisation *Transparency International* nach

   a) sei die Korruption nur auf 54 Staaten beschränkt.
   b) werde Europa von der Korruption nicht verschont.
   c) seien Politiker korrupter als Manager und Beamte.
   d) könne von unerlaubten Geschäftspraktiken bei Unternehmen nicht die Rede sein.

4. Der Journalist behauptet weiter, dass

   a) die skandinavischen Länder den Weltrekord der Korruption halten.
   b) die Deutschen viel korrupter als die Japaner sind.
   c) die Südeuropäer sehr oft in Skandale verwickelt sind.
   d) Deutschland zu den unbestechlichen Nationen gehört.

5. Was stellte das Bundeskriminalamt fest?

   a) Ein deutscher Kriminalbeamter steht an der Spitze des Korruptions-Eisbergs.
   b) Die Bevölkerung hat kein Vertrauen mehr in ihre Politiker.
   c) Es gibt jährlich 2875 Fälle mehr als im Jahr davor.
   d) Die Schätzungen erfassen nicht nur materielle, sondern auch psychische Schäden.

6. Um einen afrikanischen Auftrag für seinen Betrieb zu bekommen, musste ein deutsches Unternehmen

   a) mit den Führungskräften im Ruhrgebiet verhandeln.
   b) Angestellten im Ruhrgebiet hohe Geldsummen zahlen.
   c) wenigstens 80 Arbeitsplätze im Ruhrgebiet schaffen.
   d) den afrikanischen Verantwortlichen Schmiergelder zahlen.

4 Hörverstehen

In diesem Teil des Tests hören Sie
– einfache Aussagen,
– Dialoge,
– Hörtexte,
– Interviews.

Beispiel:

Aussage:
      Sie hören:
      Frau Kurz, buchen Sie bitte einen Flug nach München, und zwar für den 3. August.

Frage: **Was soll Frau Kurz machen?**

Nachdem Sie die Frage gehört haben, lesen Sie:

Antwort: a) Sie soll nach München fliegen.
           b) Sie soll am 3. August einen Flug buchen.
           c) Sie soll für den 3. August einen Flug nach München buchen.

Die richtige Antwort ist ⇨ **c.**

           c) Sie soll für den 3. August einen Flug nach München buchen.

Sie markieren also **c.**

A   Einfache Aussagen

Sie hören die Aussage und die Frage nur 1x. Nach dem Hören lesen Sie die Antworten. Dann markieren Sie die richtige Antwort. Eine Antwort ist richtig.

1. a) Das neue Unternehmen hat mehrere Arbeitnehmer entlassen.
   b) Die Arbeitslosen haben sich zusammengeschlossen.
   c) Die Arbeitnehmer beobachten die Fusionen mit Beunruhigung.

2. a) Im Juli ist er nicht mehr erreichbar.
   b) Er erwartet den Anruf nach dem 20. Juni.
   c) Er bittet um Rückruf Anfang Juni.

3. a) Wo wollen Sie das Geld für diese Ausgaben herbekommen?
   b) Es lohnt sich nicht, noch mehr Geld in das Geschäft zu stecken.
   c) Wie wollen Sie das Geld zurückzahlen?

4. a) frische Wäsche
   b) ein Erfrischungsgetränk
   c) ein frisches Handtuch

5. a) Man hat ihn aus der EDV-Abteilung entlassen.
   b) Er wird künftig in der EDV-Abteilung arbeiten.
   c) Die EDV-Abteilung wird aufgelöst werden.

6. a) Sie sind falsch verbunden.
   b) Der Apparat ist nicht ans Telefonnetz angeschlossen.
   c) Bitte gedulden Sie sich einen Augenblick.

7. a) Der Sprecher möchte die E-Mail-Adresse seines Gesprächspartners haben.
   b) Der Sprecher hat sein elektronisches Adressenverzeichnis nicht dabei.
   c) Der Sprecher hat eine E-Mail-Adresse.

8. a) Sie sollte in dieser Zeitung eine Anzeige aufgeben.
   b) Sie sollte diese Zeitung abonnieren.
   c) Sie sollte diese Zeitung schnellstens kaufen.

9. a) Er braucht unbedingt Geld.
   b) Er verborgt gern Geld.
   c) Bei Geld hört die Freundschaft auf.

10. a) mit dem Leiter der Rechtsabteilung
    b) mit dem Verantwortlichen des Personals
    c) mit dem Geschäftsführer
    d) mit dem Leiter der Buchhaltung

11. a) Der Service ist außergewöhnlich.
    b) Man sucht nach neuen Kunden.
    c) Der Kundendienst lässt zu wünschen übrig.
    d) Die Kunden sind nicht zufrieden.

12. a) Die Firma wird mit der Markteinführung eines Produkts beauftragt.
    b) Die bestellte Ware soll umgehend geliefert werden.
    c) Die Marktstudie betrifft den Automobilmarkt.
    d) Eine Marktstudie soll realisiert werden.

13. a) Er soll Frauen über 40 ansprechen.
b) Er wendet sich an die Zielgruppe der Frauen, die 40 Jahre alt sind.
c) Er entspricht den Vorstellungen der Auftraggeber.
d) Die Frauen, die den Werbeslogan kreiert haben, sind 40 Jahre alt.

14. a) Er soll schnell zur Werbeagentur fahren.
b) Er soll für die Werbeagentur „Schneller" arbeiten.
c) Er soll die Werbeagentur „Schneller" anrufen.
d) Er soll eine Vereinbarung unterschreiben.

15. a) die Produktion
b) die Lohnkosten
c) der Materialverbrauch
d) die Transportkosten

16. a) Er soll die Umsatzzahlen aufschreiben.
b) Er soll in die Filialen fahren.
c) Er soll die Umsatzzahlen der Filialen erfragen.
d) Die Filialen sollen die Umsatzzahlen faxen.

17. a) Sie soll am 14. des Monats nach Frankfurt fahren.
b) Sie soll Herrn Königs Reise nach Frankfurt buchen.
c) Sie soll einen Entwurf für den Vertrag vorbereiten.
d) Sie soll Herrn König die Unterlagen nach Frankfurt bringen.

18. a) Dass die Sitzung abgesagt wurde.
b) Dass die Sitzung auf übermorgen verschoben wurde.
c) Dass die Sitzung am nächsten Tag stattfinden wird.
d) Dass Herr Ling die Sitzung eröffnen soll.

19. a) Das Restaurant ist umgebaut worden.
b) Das Restaurant ist wegen Bauarbeiten geschlossen.
c) Die Bauarbeiten sind abgeschlossen.
d) Trotz des Umbaus ist das Restaurant geöffnet.

20. a) Herr Malinsky feiert seinen 30. Geburtstag.
b) Die Firma feiert ihr 30-jähriges Jubiläum.
c) Herr Malinsky arbeitet seit 30 Jahren in der Firma.
d) Herr Malinsky wird die Leitung der Verkaufsabteilung übernehmen.

B   Dialoge

Sie hören jetzt kurze Dialoge und je eine Frage. Den Dialog und die Frage hören Sie nur 1x.
Nach dem Hören lesen Sie die Antworten. Dann markieren Sie die richtige Antwort. Eine Antwort ist
richtig.

1. a) Herr Wallner hat ein Mobiltelefon.
   b) Herr Wallner reicht ihm sein Handgepäck.
   c) Herr Wallner möchte ein Handy kaufen.
   d) Herr Wallner kann sein Handy nicht finden.

2. a) Er soll direkt an die Kasse gehen.
   b) Er soll seine Geheimnummer eintippen.
   c) Er soll den Betrag auf einem Vordruck eintragen.
   d) Er soll zuerst seine Kontonummer nennen.

3. a) Sie finden keinen gemeinsamen Termin.
   b) Sie verabreden sich für den 1.3. um 10 Uhr.
   c) Sie verschieben den Termin um eine Woche.
   d) Sie werden sich am Freitag um 6 Uhr abends treffen.

4. a) nach ungefähr 500 Metern
   b) an der 1. Ampel
   c) an der 2. Ampel
   d) vor der Brücke

5. a) Er spricht fließend Französisch.
   b) Er kann Verhandlungen ohne Probleme auf Französisch führen.
   c) Er spricht nicht Französisch.
   d) Er hat ausreichende Französischkenntnisse.

6. a) Er möchte, dass ihm die Firma 2000 Euro bezahlt.
   b) Er bittet um einen Vorschuss in Höhe von 2000 Euro.
   c) Er wünscht eine Gehaltserhöhung.
   d) Er möchte eine kurze Bedenkzeit.

7. a) Der Direktor ist mit seiner Arbeit nicht zufrieden.
   b) Die Flaute zwingt das Unternehmen dazu.
   c) Herr Keller hat das Pensionsalter erreicht.
   d) Es gibt eine saisonbedingte Arbeitslosigkeit.

8. a) Der Kunde will sein Gerät reparieren lassen.
   b) Der Kunde und die Geschäftsfrau werden sich handelseinig.
   c) Die Konkurrenz verkauft das Gerät zu einem höheren Preis.
   d) Die Garantie für das Gerät beträgt drei Jahre.

9. a) Er hat Probleme mit dem neuen Drucker.
   b) Der Computer, der vor zwei Tagen geliefert wurde, funktioniert nicht.
   c) Er will die Besprechung um zwei Tage verschieben.
   d) Er kann Herrn Schuster erst in zwei Tagen wieder kontaktieren.

10. a) Alle Flüge sind für die kommenden 2 Monate ausgebucht.
b) Die Flüge müssen 2 Monate im Voraus gebucht werden.
c) Für vorausgebuchte Flüge werden Sonderbedingungen eingeräumt.
d) Auf Flüge nach Toronto gibt es 20% Rabatt.

11. a) im Sommer
b) im Herbst
c) im Frühling
d) im Winter

12. a) Alle Kunden werden von der Bank mit Internet ausgerüstet.
b) Die Bank verwaltet die Konten nur mit Internet.
c) Über Internet kann der Kunde sein Konto abrufen.
d) Die Kontenführung über Internet ist ab nächstem Jahr möglich.

13. a) Er will den Kunden überreden, seine Bestellung aufrechtzuerhalten.
b) Er will ihm einen Gebrauchtwagen verkaufen.
c) Er will dem Kunden die Testergebnisse erklären.
d) Er verlangt von den Fachleuten eine Erklärung für die schlechten Testergebnisse.

14. a) Es handelt sich um das Verkehrswesen.
b) Es handelt sich um die Tourismusbranche.
c) Es geht um den Lufttransport.
d) Es geht um den Schienen- und Straßenverkehr.

15. a) Es handelt sich um eine Werbedurchsage im Radio.
b) Die Kunden sollen sich mit Waren des täglichen Bedarfs eindecken.
c) Ein Verbrauchermarkt versucht, seine Kunden zum Kauf anzuregen.
d) Es geht um einen Werbespot im Fernsehen.

16. a) Frau Lanner möchte ihr Auto versichern lassen.
b) Frau Lanner möchte mehr über die Altersversicherung wissen.
c) Frau Lanner hat für eine Altersversicherung keinen Bedarf.
d) Frau Lanner möchte Informationen über eine Lebensversicherung.

17. a) Aktien sind eine sichere Anlageform.
b) Aktien bringen keine Spekulationsgewinne.
c) Aktien sind sicherer als Schuldverschreibungen.
d) Aktien bergen Risiken in sich.

18. a) Die Firma Textil KG soll schnellstens 500 Herrenanzüge liefern.
b) Die Firma Textil KG gewährt einen Preisnachlass von 20%.
c) Die Lieferung wird von der Firma Novatex beanstandet.
d) Alle Anzüge weisen Fehler auf.

19. a) 70 000 neue Stellen wurden geschaffen.
b) Die Beschäftigungslage hat sich normalisiert.
c) Die Arbeitsmarktlage hat sich verbessert.
d) Man hofft, dass weitere Entlassungen unnötig werden.

20. a) Sie sind in jedem Fall billiger als Festnetzgespräche.
b) Sie können diese weltweit führen.
c) Die Benutzung eines Handys ist in Hotels verboten.
d) Sie sind qualitativ besser.

Sie hören jetzt längere Dialoge und mehrere Fragen. Sie hören die Dialoge und die Fragen nur 1x. Nach dem Hören jeder Frage lesen Sie die Antworten. Dann markieren Sie die richtige Antwort. Eine Antwort ist richtig.

Dialog 1

Fragen von 21 bis 25

21. a) Er muss Zinsen zahlen.
     b) Er muss der Bank sofort den Verlust melden.
     c) Er bekommt einen Dispositionskredit.
     d) Er muss für den Gesamtschaden aufkommen.

22. a) Die Bank zahlt dem Kunden Zinsen.
     b) Das Konto des Kunden wird gesperrt.
     c) Der Kunde bekommt einen Dispositionskredit.
     d) Der Kunde darf sein Konto nicht überziehen.

23. a) Man muss dafür Zinsen zahlen.
     b) Es ist kostenlos.
     c) Man muss vorher dafür bezahlen.
     d) Es kostet nichts.

24. Das Konto wird gesperrt, wenn
     a) das Konto nicht gedeckt ist.
     b) das Gehalt nicht überwiesen worden ist.
     c) die Bank geschlossen ist.
     d) der Kunde seine Kreditkarte oder sein Scheckheft verliert.

25. a) Der Kunde muss zusätzlich eine Versicherung abschließen.
     b) Die zusätzliche Versicherung ist sehr teuer.
     c) Er ist automatisch versichert.
     d) Er braucht eine Zusatzversicherung.

Dialog 2

Fragen von 26 bis 30

26. a) um ein Gespräch zwischen Freunden
     b) um eine Umfrage
     c) um ein Fernsehinterview
     d) um eine Diskussion

27. a) Sie arbeitet in der Werbebranche.
     b) Sie schafft Telearbeitsplätze.
     c) Sie ist Hausfrau.
     d) Sie ist Angestellte bei einer Versicherung.

28. a) Telearbeit wird immer häufiger.
     b) Telearbeit schafft neue Arbeitsplätze.
     c) Telearbeit ist nichts für Kinder.
     d) Durch Telearbeit kann man Beruf und Familienleben verbinden.

29.   a) Es handelt sich um eine Volkszählung.
      b) Man macht eine Umfrage bei Versicherungsangestellten.
      c) Sie gehört zu einer Repräsentativgruppe von Bundesbürgern.
      d) Man möchte die Konsumgewohnheiten von Hausfrauen kennen.

30.   a) Es ist eine Unternehmensberatungsfirma.
      b) Es ist ein Heiratsinstitut.
      c) Es ist ein Meinungsforschungsinstitut.
      d) Es ist ein Marktforschungsinstitut.

C   Hörtexte

Sie hören jetzt zwei Texte und mehrere Fragen. Sie hören die Texte 2x, die Fragen nur 1x.
Nach dem Hören lesen Sie die Antworten. Dann markieren Sie die richtige Antwort. Eine Antwort ist
richtig.

Hörtext 1

Fragen von 1 bis 5

1. a) über die Vergnügungen auf dem Campus
    b) über die etablierten Unternehmensberater
    c) über Unternehmensberatung vom Campus
    d) über die Zeitarbeitsfirmen

2. a) mehr als 75
    b) mehr als 50
    c) mehr als 65
    d) mehr als 85

3. a) Sie pflanzen Äpfel.
    b) Sie stellen verschiedene Produkte her.
    c) Sie führen Marktstudien durch.
    d) Sie erweitern das Netz der Deutschen Bahn.

4. a) Ihr Ruf lässt zu wünschen übrig.
    b) Sie haben einen guten Ruf.
    c) Ihr Ruf könnte besser sein.
    d) Sie haben einen schlechten Ruf.

5. a) Sie bereiten etablierten Unternehmensberatern große Schwierigkeiten.
    b) Sie haben ständig Streit mit etablierten Unternehmensberatern.
    c) Sie stellen eine starke Konkurrenz dar.
    d) Sie haben zu wenig Erfahrung, um eine ernsthafte Konkurrenz zu sein.

Hörtext 2

Fragen von 6 bis 10

6. a) 3 Millionen
    b) 500 000
    c) 2 Millionen
    d) 50 000

7. a) ungefähr 20 Prozent
    b) ungefähr 40 Prozent
    c) ungefähr 50 Prozent
    d) ungefähr 60 Prozent

8.   a) Er profitiert von der Unterstützung durch die Medien.
      b) Er sucht Marktlücken und erzeugt dann die entsprechenden Produkte.
      c) Zwei Drittel der Erwerbstätigen sind sehr fleißig.
      d) Er stellt Luxusgüter her.

9.   a) nur im Maschinenbau
      b) in allen Dienstleistungsbereichen
      c) in allen Industrie- und Dienstleistungsbranchen
      d) vor allem in der Papierproduktion

10.   a) Viele Leute wissen wenig über diese Unternehmen.
      b) Das Fernsehen berichtet oft über kleine Unternehmen.
      c) Kleine Unternehmen stehen immer im Scheinwerferlicht.
      d) Klein- und Mittelbetriebe stehen im Mittelpunkt der Pressemeldungen.

D Interviews

Sie hören jetzt zwei Interviews und mehrere Fragen. Sie hören die Interviews 2x, die Fragen nur 1x. Nach dem Hören lesen Sie die Antworten. Dann markieren Sie die richtige Antwort. Eine Antwort ist richtig.

Interview 1

Fragen von 1 bis 6

1. a) Fliegen ohne vorher zu buchen.
   b) Fliegen ohne Flugschein.
   c) Fliegen mit einem Flugticket, das einen Monat gültig ist.
   d) Fliegen mit Flugticket, aber ohne Boarding-Card.

2. a) Der Kunde verliert keine Zeit am Check-in-Schalter.
   b) Die Flughafenangestellten erledigen alles für den Kunden.
   c) Die neue Chip-Card erlaubt, ohne Verspätung zu fliegen.
   d) Der Kunde bekommt mit der Chip-Card sofort sein Flugticket am Schalter.

3. a) Der Fluggast muss die Chip-Card am Schalter vorzeigen.
   b) Der Fluggast muss die Chip-Card beim Einsteigen ins Flugzeug vorzeigen.
   c) Die Chip-Card wird mittels eines Lesegeräts und der Mikro-Antenne kontrolliert.
   d) Die Chip-Card wird in die Tasche eingeschweißt.

4. a) Die Konkurrenz zwischen Reiseanbietern wird verstärkt werden.
   b) Die Entwicklung von Multimedia geht schnell voran und Lufthansa fühlt sich überfordert.
   c) Multimedia wird die Zusammenarbeit mit Reiseanbietern fördern.
   d) Multimedia wird im Reiseverkehr eine geringe Rolle spielen.

5. a) Lufthansa weigert sich, mit anderen Fluggesellschaften zusammenzuarbeiten.
   b) Lufthansa findet, dass Netzwerke nicht kostengünstiger arbeiten können.
   c) Lufthansa lehnt eine Kooperation mit anderen Fluglinien ab.
   d) Lufthansa gehört einer weltweiten Allianz an.

6. a) einen kleinen Rückschritt
   b) einen bedeutsamen Fortschritt
   c) einen stagnierenden Jahresumsatz
   d) unrentable Mehrausgaben

Interview 2

Fragen von 7 bis 12

7. a) das 150-jährige Jubiläum
   b) das 100-jährige Jubiläum
   c) das 200-jährige Jubiläum
   d) das 50-jährige Jubiläum

8. a) jährlich 200 000 Autos herzustellen
   b) jährlich 2 Millionen Autos herzustellen
   c) die jährliche Produktion zu verdreifachen
   d) die jährliche Produktion zu verdoppeln

9. a) in Nordamerika
   b) in Südamerika
   c) in Russland
   d) in China

10. a) 11 Prozent
    b) 8 Prozent
    c) 4 Prozent
    d) 2 Prozent

11. a) Renault beschränkt seine Bemühungen auf Europa.
    b) Renault verteidigt vor allem den nationalen Markt.
    c) Renault setzt auf internationales Wachstum.
    d) Renault will nur noch den russischen Markt erobern.

12. a) Dieser Markt wird nicht mehr wachsen.
    b) Das Potenzial dieses Marktes wird sich vergrößern.
    c) Renault hat großes Interesse an diesem Markt.
    d) Das ist Renaults zweitgrößter Markt außerhalb Europas.

A   Einfache Aussagen

Sie hören die Aussage und die Frage nur 1x. Nach dem Hören lesen Sie die Antworten.
Dann markieren Sie die richtige Antwort. Eine Antwort ist richtig.

1. Durch die Fusion sind mehrere Arbeitnehmer arbeitslos geworden.
   Welche Aussage ist richtig?

2. Bitte rufen Sie mich Anfang Juni zurück.
   Wann soll der Gesprächspartner Herrn Meier zurückrufen?

3. Wie wollen Sie diese Investitionen finanzieren?
   Welcher Satz entspricht der Frage?

4. Darf ich Ihnen eine Erfrischung anbieten?
   Was wird angeboten?

5. Er wird in die EDV-Abteilung versetzt.
   Was sagt man über seine Versetzung?

6. Kein Anschluss unter dieser Nummer.
   Was sagt die Telefonvermittlung?

7. Sie haben die E-Mail-Adresse auf meiner Visitenkarte.
   Welcher Satz entspricht der Aussage?

8. Sie sollten in dieser Zeitung inserieren, Frau Beier.
   Was sollte Frau Beier machen?

9. Könntest du mir 200 Euro leihen?
   Welcher Satz entspricht der Frage?

10. Könnten Sie mich bitte mit dem Leiter der Personalabteilung verbinden?
    Mit wem möchte die Frau sprechen?

11. Wir haben einen ausgezeichneten Kundendienst.
    Was sagt man über den Kundendienst?

12. Wir möchten bei Ihnen eine Marktstudie in Auftrag geben.
    Was soll gemacht werden?

13. Der Werbeslogan entspricht nicht unseren Vorstellungen. Er sollte die Zielgruppe „Frauen im Alter
    von 40 Jahren" ansprechen.
    Was wird über den Werbeslogan gesagt?

14. Herr Hübner, vereinbaren Sie bitte einen Termin mit der Werbeagentur „Schneller".
    Was soll Herr Hübner machen?

15. Der Materialverbrauch ist im Vergleich zur Produktion stark angestiegen.
    Woran liegt das denn, Herr Jung?
    Was hat stark zugenommen?

16. Herr Schlossbauer, rufen Sie bitte unsere Filialen wegen der Umsatzzahlen an.
Was soll Herr Schlossbauer machen?

17. Herr König kommt am 14. dieses Monats nach Frankfurt. Könnten Sie die Unterlagen und einen
Vertragsentwurf vorbereiten, Frau Schramm?
Was soll Frau Schramm machen?

18. Frau Schmidt, sagen Sie bitte Herrn Ling, dass die Sitzung morgen stattfinden wird.
Was soll Frau Schmidt Herrn Ling sagen?

19. Wegen Umbaus ist das Restaurant vom 1. Juli bis 31. August geschlossen.
Was wird über das Restaurant gesagt?

20. „… und so möchte ich Herrn Malinsky für seine 30-jährige ausgezeichnete Leitung unserer Verkaufsabteilung danken".
Bei welcher Gelegenheit wird diese Ansprache gehalten?

B Dialoge

Sie hören jetzt kurze Dialoge und je eine Frage. Den Dialog und die Frage hören Sie nur 1x.
Nach dem Hören lesen Sie die Antworten. Dann markieren Sie die richtige Antwort. Eine Antwort ist
richtig.

1. A: Ich kontaktiere Sie schnellstens, Herr Wallner.
B: Sie können mich auch über mein Handy erreichen.
Was erfährt man aus dem Gespräch?

2. A: Guten Tag, Herr Chang. Was kann ich für Sie tun?
B: Ich möchte gern 500 Euro von meinem Konto abheben.
A: Würden Sie bitte dieses Formular ausfüllen?
Was soll der Kunde machen?

3. A: Wann könnten wir uns treffen?
B: Einen Augenblick, ich schaue einmal in meinem Terminkalender nach. …
Wie wäre es am Donnerstag, dem 1. 3. um 10 Uhr?
A: Da habe ich schon eine Verabredung.
B: Und wie wäre es Freitag, gegen Abend, um 18 Uhr?
A: Abgemacht.
Für wann wurde der Termin vereinbart?

4. A: Entschuldigen Sie bitte, wie komme ich von hier zum Messegelände?
B: Fahren Sie bis zur zweiten Ampel, dort biegen Sie rechts ein, fahren dann immer geradeaus
über die Brücke und nach ungefähr fünfhundert Metern sehen Sie links das Messegelände.
Wo muss der Autofahrer einbiegen?

5. A: Ich habe mir Ihren Lebenslauf angesehen. Dürfte ich Ihnen einige Fragen dazu stellen?
B: Bitte gern.
A: Sie haben letztes Jahr ein Auslandspraktikum in Frankreich gemacht. Sind Sie denn in dieser
Sprache verhandlungsfähig?
B: Eigentlich habe ich nur Schulkenntnisse, komme damit aber über die Runden.
Welche Sprachkenntnisse hat der Bewerber?

6.   A: Tut mir Leid, Herr Hansen, Ihre Gehaltswünsche sind zu hoch für unseren kleinen Betrieb.
         Für diesen Posten ist ein Gehalt von 2000 Euro vorgesehen.
         B: Hm, kann ich mir das noch überlegen?
         A: Ja natürlich.
         Was möchte Herr Hansen?

7.   A: Ich muss Ihnen leider kündigen, Herr Keller.
         B: Könnten Sie mir erklären, warum Sie mich entlassen wollen?
         A: Die Rezession ist auch an unserem Unternehmen nicht spurlos vorbeigegangen.
         B: Und wie soll ich die Zeit bis zu meinem wohlverdienten Ruhestand überbrücken?
         Warum wird Herr Keller entlassen?

8.   A: Der Preis scheint mir nicht angemessen zu sein.
         B: Wenn Ihnen die Ware gefällt, komme ich Ihnen preislich gern entgegen.
         A: Sie liegen aber um 20 Euro höher als Ihre Konkurrenz.
         B: Da will ich gerne mit mir reden lassen.
         A: Wenn Sie mir auch eine Garantieleistung von zwei Jahren gewähren, nehme ich das Gerät
         gleich mit.
         B: In Ordnung, ich lasse es gleich vom Lager kommen.
         Welche Aussage ist richtig?

9.   A: Computerpro, Guten Tag.
         B: Maier von der Firma Chemotec. Ich möchte Herrn Schuster sprechen, bitte.
         A: Herr Schuster ist in einer Besprechung. Kann ich etwas ausrichten?
         B: Ja. Herr Schuster soll mich dringend zurückrufen, denn wir haben ein Problem mit dem Drucker,
         den Sie uns vor zwei Tagen geliefert haben.
         A: Ich werde Herrn Schuster informieren. Er wird Sie schnellstens kontaktieren.
         B: Vielen Dank, auf Wiederhören.
         A: Auf Wiederhören.
         Welches Problem hat der Kunde?

10. A: Was kostet ein Flug nach Toronto?
         B: 620 Euro.
         Wenn Sie Ihren Flug jedoch 2 Monate im Voraus buchen, gewähren wir Ihnen einen Preisnach-
         lass von 20 Prozent.
         Welche Auskunft erhält die Kundin?

11. A: Wann wollen Sie die Werbekampagne starten?
         B: Da es sich um ein kurzlebiges Konsumprodukt handelt, wäre Anfang Oktober der beste Zeit-
         punkt.
         Wann soll die Werbekampagne gestartet werden?

12. A: Guten Tag, ich möchte mit Herrn Winter einen Termin vereinbaren. Es ist dringend.
         B: Herr Winter ist erst nächste Woche wieder da.
         A: Es geht um dringende Änderungen auf meinem Konto.
         B: Sie können Ihre Kontenführung ab sofort über Internet vornehmen.
         A. Das ist sehr gut. Vielen Dank. Auf Wiederhören.
         Was kann über Internet gemacht werden?

13. A: Nach den katastrophalen Testergebnissen werde ich meine Bestellung stornieren.
         B: Aber Herr Müller, ich bitte Sie, die ganze Geschichte ist doch von den Medien aufgebauscht
         worden.
         A: Das sagen Sie als Autohändler; ich als Kunde setze einzig und allein auf unabhängige Fachleute.
         Was will der Autohändler?

14.   A: Wie hat sich der Fremdenverkehr in den letzten Jahren entwickelt?
      B: Über die Zuwachsraten können wir uns wirklich nicht beklagen.
      A: Und wo liegt das Problem?
      B: Das allen Besuchern zur Verfügung stehende Budget ist um mindestens 23% zurückgegangen.
        Um welchen Wirtschaftszweig geht es in diesem Gespräch?

15.   Aus unserer Tiefkühltruhe empfehlen wir Ihnen heute: Kubanischen Hummer, das Kilo zu 9 Euro 90.
      Dazu zur Dekoration aus der Gemüseabteilung: Frischen Feldsalat, 200 Gramm zu nur einem Euro.
      Um den Abend zu einem Fest der Zweisamkeit werden zu lassen: Champagner der Edelmarke
      Perrier-Jouet im Sonderangebot, die Flasche zu 15 Euro. Greifen Sie zu, solange der Vorrat reicht.
      Um welche Durchsage geht es hier?

16.   A: Sind Sie auch ausreichend versichert, Frau Lanner?
      B: Ich habe meine Wohnung, meinen Wagen und sogar mein Leben versichert.
      A: Und wie steht es mit einer zusätzlichen Altersversicherung?
      B: Ja, darüber hätte ich gern genauere Informationen.
        Wie steht es um die Versicherungen von Frau Lanner?

17.   A: Ich möchte 50 000 Euro anlegen. Zu welcher Anlageform würden Sie mir raten?
      B: Schuldverschreibungen sind im Augenblick die sicherste Anlage.
      A: Kann ich damit auch an der Börse spekulieren?
      B: Spekulationsgewinne erzielen Sie eher mit Aktien.
      A: Wie steht es mit den Risiken?
      B: Wenn Sie kein Risiko eingehen wollen, legen Sie Ihr Geld lieber in Obligationen an.
        Welche Aussage ist richtig?

18.   A: Textil KG, Guten Tag.
      B: Schneider von der Firma Novatex. Ich hätte gern Frau Kampe gesprochen.
      A: Ja, das bin ich.
      B: Frau Kampe, wir haben gestern Ihre Lieferung der 500 Sommerherrenanzüge erhalten. Beim
        Auspacken mussten wir leider feststellen, dass ein Großteil der Anzüge Webfehler auf der Innen-
        seite des Ärmels aufweist.
      A: Das ist ja merkwürdig.
      B: Wir können diese Anzüge natürlich nicht zum vollen Preis absetzen. Wenn Sie uns einen Preis-
        nachlass von 20% gewähren, behalten wir die Anzüge.
      A: Bevor ich das entscheiden kann, muss ein Experte die Ware begutachten.
      B: Ja, aber das muss schnell passieren, da wir uns notfalls um Ersatzware kümmern müssen.
      A: Herr Schneider, ich gebe Ihnen umgehend Bescheid.
      B: Auf Wiederhören, Frau Kampe.
      A: Auf Wiederhören.
        Welche Aussage ist richtig?

19.   A: Haben Sie schon gehört, die Baubranche befindet sich auf Talfahrt.
      B: Dadurch hat sich wohl auch die Beschäftigungslage zugespitzt?
      A: Das Baugewerbe rechnet mit einem Abbau von 70 000 Stellen.
      B: Was könnte getan werden, um diese Entwicklung aufzuhalten?
      A: Man hofft, dass eine Regelung über flexible Arbeitszeiten und veränderte Tarifvereinbarungen
        weitere Entlassungen überflüssig machen werden.
        Wie ist die Arbeitsmarktlage im Baugewerbe?

20. A: Sind eigentlich Telefongespräche mit Handys immer noch teurer als die mit Festnetzapparaten?

B: Das trifft nicht in jedem Fall zu.

A: Haben Sie dafür konkrete Beispiele?

B: Wenn Sie z. B. auf Reisen ins Ausland auf die Kommunikation durch das Hoteltelefon angewiesen sind, kann Sie das teuer zu stehen kommen.

A: Kann man denn sein Handy auch im Ausland benutzen?

B: Selbstverständlich ist die Kommunikation mit einem Handy heutzutage auch weltweit möglich. Welchen Vorteil bieten Telefongespräche mit Handys gegenüber denen mit Festnetzapparaten?

Sie hören jetzt längere Dialoge und mehrere Fragen. Sie hören die Dialoge und die Fragen nur 1x. Nach dem Hören jeder Frage lesen Sie die Antworten. Dann markieren Sie die richtige Antwort. Eine Antwort ist richtig.

Dialog 1

A: Herr van Jelden, Ihre Kreditkarte und das Scheckheft sind eingetroffen. Unterschreiben Sie bitte hier.

B: Was würde passieren, wenn mir die Kreditkarte oder das Scheckheft gestohlen würden?

A: Bei Verlust oder Diebstahl müssen Sie uns so schnell wie möglich benachrichtigen und Ihr Konto sperren lassen.

B: Könnte ich mich nicht gegen solche Unannehmlichkeiten versichern lassen?

A: Bei unserer Bank sind Sie dagegen automatisch versichert. Allerdings erst von dem Augenblick an, wo Sie Ihr Konto haben sperren lassen.

B: Da bin ich ja beruhigt. Wie ist es, wenn ich am Monatsende einmal knapp bei Kasse sein sollte?

A: Guten Kunden gewähren wir in jedem Falle einen sogenannten Dispositionskredit, d.h. Sie können Ihr Konto bis zur doppelten Höhe Ihres Monatsgehalts überziehen.

B: Und das kostet mich nichts?

A: Leider doch. Sie müssen dafür Zinsen zahlen.

Fragen von 21 bis 25

21. Was passiert, wenn der Bankkunde seine Kreditkarte verliert?

22. Wie reagiert die Bank, wenn der Kunde knapp bei Kasse ist?

23. Ist das Überziehen des Kontos gratis?

24. Wann wird das Konto des Kunden gesperrt?

25. Was sagt man über die Versicherung?

Dialog 2

A: Guten Tag, Frau Weber. Mein Name ist Krüger. Ich bin mit einer Umfrage für das Marktforschungsinstitut *MAFO* beauftragt. Dürfte ich Ihnen einige Fragen stellen?

B: Gerne, aber ich bin so überrascht. Warum haben Sie gerade mich ausgewählt?

A: Sie zählen zu einer Repräsentativgruppe von Bundesbürgern, deren Konsumgewohnheiten uns besonders interessieren. Sie können beruhigt sein, alle Fragen werden streng vertraulich und anonym ausgewertet.

B: Wenn Sie mir das zusichern, bin ich gerne bereit, auf Ihre Fragen zu antworten.

A: Nun gut, also zuerst zu Ihrer Person und Ihrer Familie. Darf ich nach Ihrem Alter und Ihrem Beruf fragen?

B: Ich bin 38, glücklich verheiratet, und wir haben zwei Kinder von 3 und 6. Von Beruf bin ich Werbetexterin, arbeite jedoch zu Hause. Durch Telearbeit kann ich meinen Beruf ausüben, mich aber auch um die Kinder kümmern.

A: Und Ihr Mann?

B: Er ist leitender Angestellter bei einer Versicherung.

Fragen von 26 bis 30

26. Um welche Art von Gespräch geht es hier?

27. Welchen Beruf übt Frau Weber aus?

28. Was sagt man über Telearbeit?

29. Warum werden Frau Weber die Fragen gestellt?

30. Was ist die Firma *MAFO*?

C Hörtexte

Sie hören jetzt zwei Texte und mehrere Fragen. Sie hören die Texte 2x, die Fragen nur 1x.
Nach dem Hören lesen Sie die Antworten. Dann markieren Sie die richtige Antwort. <u>Eine</u> Antwort ist richtig.

Hörtext 1

Rat vom Campus

Sie stecken noch mitten im Studium, und schon beraten sie erfahrene Manager: Studentische Unternehmensberater liefern gute Arbeit für wenig Geld.

Von diesen Studenten gibt es immer mehr. Über 50 studentische Unternehmensberatungen bieten ihre Dienste bundesweit an. Sie sind meist als gemeinnützige Vereine organisiert, agieren aber wie richtige Unternehmen und werden immer professioneller.

Sie bearbeiten viele Aufträge, z.B. organisierten sie einen Markttest für einen französischen Apfelanbauer, erstellten ein Konzept zur Flächennutzung der Deutschen Bahn oder analysierten den Markt der Zeitarbeitsfirmen.

Aber können Studenten tatsächlich mit Profis konkurrieren?
Die großen Namen auf den Kundenlisten zeigen, dass die Juniorberater einen guten Ruf genießen. Die Erklärung liefern die Studenten selbst. Wer mit den Nachwuchsberatern Kontakt aufnimmt, trifft durchweg auf gut gelaunte und hochmotivierte junge Leute, die sich voller Elan in die Praxis stürzen.

Die Studenten sind jedoch keine ernsthafte Konkurrenz für etablierte Unternehmensberater.
Ihnen fehlt die Erfahrung zur Erstellung strategischer Konzepte und zur Umsetzung der Projektergebnisse. Durch diese Projekte lernen die Studenten jedoch potenzielle Arbeitgeber kennen.

(Sie hören den Text nun noch einmal.)

Fragen von 1 bis 5

1. Worüber spricht der Text?

2. Wie viele studentische Unternehmensberatungen gibt es in Deutschland?

3. Welche Projekte realisieren sie?

4. Welchen Ruf genießen sie?

5. Wie ist ihr Verhältnis zu etablierten Unternehmensberatern?

Hörtext 2

Erfolg mit Nischen-Produkten

Der Mittelstand ist das Rückgrat der deutschen Wirtschaft: Die rund 3 Millionen Klein- und Mittelbetriebe beschäftigen etwa zwei Drittel aller Erwerbstätigen und schaffen rund die Hälfte des Sozialprodukts. Obwohl sie in der Öffentlichkeit vielfach als graue Mäuse gelten, tun sich einige unternehmerisch besonders hervor.

Ihr Erfolgsgeheimnis: Entdeckung einer Marktlücke, Entwicklung eines First-Class-Produkts und zielstrebige Eroberung des Weltmarktes.
Kleine und mittlere Unternehmen stehen hierzulande nur selten im Scheinwerferlicht der Medien.

Jetzt hat die Wissenschaft das Dunkel um 500 besonders erfolgreiche Mittelständler gelichtet und nach den Gründen für ihren Aufstieg zum Weltmarktführer geforscht.
Dabei ist Bemerkenswertes zutage getreten:

Die Top-Mittelständler sind über alle Industrie- und Dienstleistungsbranchen verstreut.
Mehr als jeder dritte Weltmarktführer kommt aus dem Maschinenbau, dem mittelständischen Herzstück der deutschen Industrie.

Besonders gut vertreten sind sie auch in der Elektroindustrie, Metallbearbeitung und Chemie.
Viele stellen Papier und Druckerzeugnisse her, produzieren Nahrungsmittel oder lenken weltweite Aufmerksamkeit auf die Professionalität ihres Dienstleistungsangebots.

(Sie hören den Text nun noch einmal.)

Fragen von 6 bis 10

6. Wie viele Klein- und Mittelbetriebe gibt es in Deutschland?

7. Wie viel Prozent des Sozialprodukts schafft der Mittelstand?

8. Warum ist der Mittelstand so erfolgreich?

9. In welchen Branchen sind die Weltmarktführer tätig?

10. Wie sieht die Öffentlichkeit den Mittelstand?

D   Interviews

Sie hören jetzt zwei Interviews und mehrere Fragen. Sie hören die Interviews 2x, die Fragen nur 1x.
Nach dem Hören lesen Sie die Antworten. Dann markieren Sie die richtige Antwort. Eine Antwort ist
richtig.

Interview 1

Lufthansa: Flug ins Multimedia-Zeitalter

Lufthansa auf dem Weg in eine neue Epoche: Fliegen ohne Flugschein, nur mit der INFOFLYWAY Chip-Card.
Sie hören jetzt ein Gespräch zwischen der Deutsch-Französischen Industrie- und Handelskammer und dem
Generaldirektor von Lufthansa France, Herrn Euler.

Contact: Herr Euler, mit dem Einsatz einer multifunktionalen Karte macht Lufthansa einen großen Schritt
nach vorn.

H.P. Euler: Bis Ende des Jahres werden 350 000 Kunden ticketlos mit der Lufthansa Chip-Card auf Reisen
gehen können. Diese Technologie, in deren Einsatz Lufthansa weltweit führend ist, wird auch andere Ein-
satzmöglichkeiten erlauben, zum Beispiel als Telefon-, Hotel- oder Bahnkarte.

Contact: Wie funktioniert die Chip-Card?

H.P. Euler: Das ist Fliegen ohne Flugschein. Eine neue Dimension. Alle Vorgänge von Buchung, Check-in
bis hin zum Boarding werden elektronisch abgewickelt. Der Fluggast braucht die Chip-Card nicht einmal
aus seiner Tasche zu nehmen: Sie wird von den Zellen eines Lesegeräts mittels einer eingeschweißten
Mikro-Antenne am Körper kontrolliert.
Gleichzeitig ist die Chip-Card ein Zahlungsmittel.
Die Abwicklung bringt praktische Vorteile für den Kunden. Wartezeiten in der Schlange fallen weg.

Contact: Ohne Multimedia keine Marktchancen. Wie reagiert Lufthansa auf die neue Form der Kommunikation?

H.P. Euler: Indem wir uns nicht passiv verhalten und uns nicht an bestehende Systeme anpassen: Lufthansa
übernimmt auf der Multimedia-Schiene eine Vorreiterrolle und bestimmt als Pionier die Entwicklung mit. Im
Mittelpunkt steht dabei immer der Kunde. Er entscheidet, was er wie und wann will.
Per CD-ROM und Online-Dienste hat der Kunde alle Daten rund um die Uhr verfügbar. Buchungen können
vom eigenen Computer durchgeführt werden.
Multimedia wird zudem unsere Kooperation mit den Reiseanbietern noch weiter intensivieren und effekti-
ver gestalten. Es gibt speziell entwickelte individuelle CD-ROM-Versionen für Reisebüros und neue Instru-
mente für Kundenbindung, Kundenservice und Kundenpflege. Unsere Partner haben so alle Chancen zu
einem erfolgreichen Strukturwandel.

Contact: Die Branchenwelt bei den Luftfahrtgesellschaften verändert sich, Branchengrenzen lösen sich auf.
Wie reagiert Lufthansa auf diese Entwicklung?

H.P. Euler: Zentraler Punkt unserer Anstrengungen sind die drei Erfolgsfaktoren: das Netzwerk, die Marke,
die Individualisierung.
Voraussetzung dafür: eine wettbewerbsfähige Kostenbasis.
Mit Netzwerken schaffen wir erhöhten Kundennutzen.
Lufthansa ist Teil einer weltweiten Allianz.

Contact: Herr Euler, wir danken Ihnen für das Gespräch.

contact

(Sie hören das Interview nun noch einmal.)

Fragen von 1 bis 6

1. Welchen neuen Service bietet Lufthansa seinen Kunden?

2. Warum ist dieser neue Service so vorteilhaft für den Kunden?

3. Wie funktioniert die Chip-Card?

4. Welche Rolle spielt „Multimedia" im Reiseverkehr?

5. Wie reagiert Lufthansa auf die Auflösung der Branchengrenzen?

6. Was bedeutet die multifunktionale Karte für Lufthansa?

Interview 2

100 Jahre Innovation für die Zukunft

Unter diesem Motto feierte Renault im letzten Jahr sein Jubiläum. Für die Zukunft verfolgt die Konzernspitze um den Vorstandsvorsitzenden eine Internationalisierungsstrategie. Bis zum Jahr 2010 will Renault die jährliche Produktion auf vier Millionen Fahrzeuge verdoppeln. Renault-Vorstand und Vizepräsident zu den Unternehmensstrategien in einem Gespräch mit *Der Welt*:

Die Welt: Renault eröffnet in Brasilien ein neues Werk, während die südamerikanische Wirtschaft stagniert. Bereitet Ihnen das Kopfzerbrechen?

Renault: Auf kontinuierliches Wachstum darf man nirgendwo hoffen. Was den südamerikanischen Markt betrifft, habe ich ein gutes Gefühl. Die wirtschaftlichen Schwankungen dort sind uns von Anfang an bewusst gewesen. Sie stören nicht, weil wir langfristig denken. Und dieser Markt wird sich entwickeln und weiter wachsen.

Die Welt: In Europa hat Ihr Unternehmen einen Marktanteil von knapp elf Prozent, in den Mercosur-Staaten wollen Sie zulegen. Wie sieht es mit weiteren Märkten aus?

Renault: Sicher, Mercosur ist unser erster Schritt in diese Richtung. Es ist unsere Absicht, hier den zweit-größten Markt für Renault außerhalb Europas aufzubauen. Und es wird weitere Schritte geben: Russland und China haben wir in diesem Zusammenhang ja schon genannt.

Die Welt: Wie sieht es mit dem nordamerikanischen Markt aus?

Renault: Kein Interesse. Der wächst nicht mehr, während Südamerika großes Potenzial birgt.

Die Welt: Was erwarten Sie vom europäischen Markt?

Renault: Wir glauben, dass dieser Markt noch wachsen kann. Sicher wird es kein sehr starkes Wachstum mehr geben, aber ein leichtes. Hier müssen die Hersteller das Gespür besitzen, ausbaufähige Segmente zu erkennen und mit attraktiven Produkten zu besetzen. Wir haben das vor einigen Jahren mit dem *Scenic* getan, der Erfolg gibt uns Recht. Ich denke, auch in Europa haben wir das Potenzial zu wachsen. Und wir verfügen ja bereits über die Produktionskapazitäten, um eine stärkere Nachfrage zu bedienen.

Die Welt

(Sie hören das Interview nun noch einmal.)

Fragen von 7 bis 12

7. Welches Jubiläum feierte Renault?

8. Welches Ziel hat Renault bis zum Jahr 2010?

9. Wo eröffnet Renault ein neues Werk?

10. Wie hoch ist der Marktanteil von Renault in Europa?

11. Welche Strategie verfolgt Renault?

12. Was sagt man über den nordamerikanischen Markt?

TEST   WiDaF

Deutsch **a**ls **F**remdsprache in der **W**irtschaft

Modelltest

Der Test **WiDaF** besteht aus 4 Teilen:

Teil 1:   Fachlexik

Teil 2:   Grammatik

Teil 3:   Leseverstehen

Teil 4:   Hörverstehen

Lesen Sie bitte die folgenden Erklärungen ganz genau!

1. *Lesen Sie die Aufgabe.*
2. *Wählen Sie die richtige Antwort.*
3. *Markieren Sie dann a, b, c oder d.*
   Eine Antwort ist richtig.

Beispiel:

anrufen
a) widerrufen
b) telefonieren
c) faxen
d) aufrufen

Korrekte Antwort: ⇨ **b.**

A Synonyme

Wählen Sie das passende Synonym und markieren Sie die richtige Lösung a, b, c oder d. <u>Eine</u> Antwort ist richtig.

1. **das Resultat**

   a) das Ereignis   b) das Ergebnis   c) die Erlaubnis   d) die Erkenntnis

2. **die Anzeige**

   a) die Annonce   b) das Plakat   c) die Broschüre   d) die Aktie

3. **der Laden**

   a) der Verkauf   b) der Handel   c) das Geschäft   d) der Einkauf

4. **der Zusammenschluss**

   a) der Aufschwung   b) die Fusion   c) die Mitbestimmung   d) die Mitwirkung

5. **der Kredit**

   a) der Verlust   b) der Profit   c) das Darlehen   d) der Gewinn

6. **die Fortbildung**

   a) die Ausbildung   b) die Weiterbildung   c) die Bildung   d) der Bildungsauftrag

Das unterstrichene Wort kann durch ein Synonym ersetzt werden.
Wählen Sie das passende Synonym! <u>Eine</u> Antwort ist richtig.

7. Die <u>Berufstätigen</u> müssen Lohnsteuer zahlen.

   a) Erwerbstätigen   b) Hilfsbedürftigen   c) Arbeitslosen   d) Sozialhilfeempfänger

8. Die <u>Versammlung</u> wird am 21. Mai stattfinden.

   a) Auseinandersetzung   b) Beisetzung   c) Sitzung   d) Sitzblockade

9. Heutzutage wird in allen Unternehmen auf die <u>Wirtschaftlichkeit</u> geachtet.

   a) Kaufkraft   b) Handelsspanne   c) Rentabilität   d) Wettbewerbsfähigkeit

10. Durch das Entdecken einer <u>Marktlücke</u> wurde dieses Unternehmen zum Weltmarktführer.

    a) Studie   b) Nische   c) Prognose   d) Umfrage

11. <u>Der Ratenkauf</u> ermöglicht den sofortigen Besitz einer Ware.

    a) Die Teilzahlung   b) Der Zahlungsaufschub   c) Die Zahlungsaufforderung   d) Die Teilnahme

B   Sprachbausteine

Wählen Sie das passende Wort! Eine Antwort ist richtig.

12. Was wird in dieser Fabrik _____?

 a) angestellt   b) hergestellt   c) verstellt   d) entstellt

13. Unser Beraterteam gibt je nach Bedarf spezielle _____.

 a) Rat   b) Ratschläge   c) Raten   d) Räte

14. Durch _____ sollen viele Arbeitsplätze geschaffen werden.

 a) Mitbestimmung   b) Personalabbau   c) Arbeitszeitverkürzung   d) Mitarbeit

15. Das Wirtschafts-_____ der Industrieländer wird im kommenden Jahr weiter ansteigen.

 a) -wachstum   b) -wunder   c) -leben   d) -geschehen

16. Die Geschäfts-_____ dauerten zwei Tage.

 a) -stellen   b) -kosten   c) -bedingungen   d) -verhandlungen

17. Wir bieten ein reiches _____ an Büromöbeln.

 a) Auswahl   b) Bestand   c) Potenzial   d) Sortiment

18. Der private _____ ist im letzten Jahr deutlich angestiegen.

 a) Verbrauch   b) Versuch   c) Verkäufer   d) Verwalter

19. Rufen Sie mich morgen an, um einen neuen Termin zu _____.

 a) vertragen   b) vertagen   c) verrichten   d) vereinbaren

20. Die Versicherungssumme _____ sich auf 100 000 Euro.

 a) beträgt   b) beläuft   c) besteht   d) begleitet

21. Die Bilanz großer Unternehmen muss _____ werden.

 a) veröffentlicht   b) verteilt   c) verteidigt   d) versteigert

22. Könnten Sie mich bitte mit der Buchhaltung _____.

 a) versteuern   b) verstehen   c) verbinden   d) verlassen

23. Frau Hummel hat die Firma ihres Onkels _____.

 a) übernommen   b) überstellt   c) überliefert   d) übereilt

24. Seit drei Tagen haben wir keinen Zugriff auf Ihren Online-_____.

 a) Diener   b) Bedienung   c) Dienst   d) Bediensteten

25. Die Gewährung von Zahlungszielen setzt die Kredit-_____ des Käufers voraus.

 a) -karte   b) -würdigkeit   c) -anstalt   d) -genossenschaft

26. Der Franchisenehmer zahlt dem Franchisegeber eine _____.

   a) Tarif   b) Beitrag   c) Gebühr   d) Anteil

27. Bei der Entwicklung eines _____ muss ein Unternehmen entscheiden, wie das absatzmarktpolitische Instrumentarium gestaltet werden soll.

   a) Marktstudie   b) Marktfaktors   c) Marketingkonzepts d) Marketingkonzeption

C   Handelskorrespondenz

Wählen Sie den passenden Ausdruck aus der unten stehenden Liste und markieren Sie den entsprechenden Buchstaben. Eine Antwort ist richtig.

Altmann & Söhne KG
Hamburg – Berlin – Köln – Wien – Zürich

Cuerotex Internacional S.A.
Gran Via, 17

E-28045 Madrid

Ihr Zeichen	Ihre Nachricht	Unser Zeichen	Hamburg
		Mi/Br	28. März ....

___28___

___29___ ,

die Artikel auf Ihrer Web-Seite haben unser Interesse geweckt.

Wir sind ein mittelständisches Unternehmen mit ___30___ in Hamburg und Filialen in Berlin, Köln, Wien und Zürich.
Da wir exklusive Lederwaren vertreiben, würden wir gern einige Ihrer ___31___, wie Hand- und Brieftaschen, Geldbörsen, aber auch Lederbekleidung in unser ___32___ aufnehmen.

Bitte senden Sie uns ___33___ ausführliches Prospektmaterial sowie ein unverbindliches ___34___ mit allen Angaben über Preise, Lieferzeiten und Liefer- und Zahlungsbedingungen.

Falls uns ___35___ Angebot zusagt, können Sie mit regelmäßigen Bestellungen unsererseits rechnen.

___36___

Anna Stefan

___37___ Anna Stefan
Einkauf

Anschrift:	Telefon 040/ 3 24 16	Bankverbindung:
Alsterweg 4	Telefax: 040/ 3 24 17	Konto 8 73 57- 890
20463 Hamburg	www.altmannkg.de	BLZ 706 600 02

28.   a) Bestellung
          b) Anfrage
          c) Beschwerde

29.   a) Sehr geehrte Dame,
          b) Sehr geehrte Damen und Herren,
          c) Sehr geehrter Herr,

30.   a) Lage
          b) Stand
          c) Sitz

31.   a) Artikel
          b) Ware
          c) Warenmuster

32.   a) Verkauf
          b) Sortiment
          c) Regal

33.   a) umfassend
          b) umgebend
          c) umgehend

34.   a) Angebot
          b) Vorschlag
          c) Antrag

35.   a) euer
          b) dein
          c) Ihr

36.   a) Mit herzlichen Grüßen
          b) Mit freundlichen Grüßen
          c) Mit lieben Grüßen

37.   a) i.V.
          b) d.h.
          c) ggf.

D   Erläuterung einer Grafik

Wählen Sie den passenden Ausdruck und markieren Sie den entsprechenden Buchstaben.
Eine Antwort ist richtig.

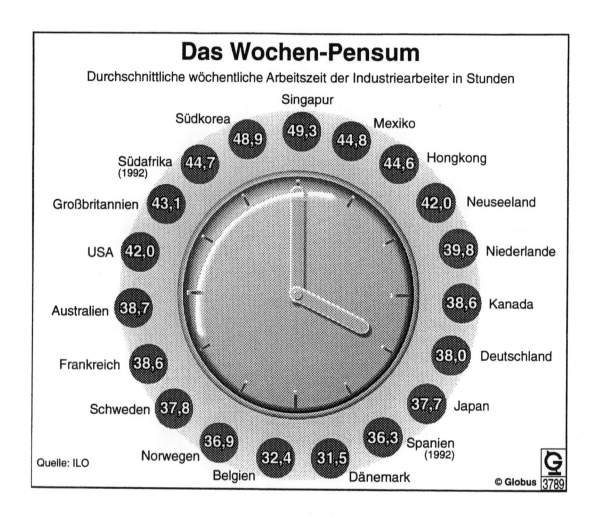

Längste Arbeitswoche in Singapur

Wenn westeuropäische Arbeiter schon lange _____38_____ haben, stehen ihre ostasiatischen Kollegen noch immer an der _____39_____. Das zeigt ein Vergleich der _____40_____ Arbeitszeit von Industriearbeitern, den das Internationale Arbeitsamt jetzt vorgelegt hat. So bringt es ein Arbeiter in Singapur auf _____41_____ 49,3 Wochenstunden; in Südkoreas Fabrikhallen arbeiten die Werktätigen wöchentlich ebenfalls fast 49 Stunden. Arbeitszeiten wie diese gehören in Westeuropa längst der Vergangenheit an. So gehen die Belgier nach 32,4 Stunden und die Dänen nach 31,5 Stunden ins _____42_____ Wochenende. Für Deutschland errechnete das Internationale Arbeitsamt eine Arbeitszeit _____43_____ 38 Wochenstunden.

Globus

38. a) Freiheit
         b) Feierabend
         c) Feiern
         d) Feste

39. a) Werkstatt
         b) Bank
         c) Werkbank
         d) Werktätigkeit

40. a) Woche
         b) wöchentlichen
         c) wochenweise
         d) wochenlangen

41. a) durchschnittlich
         b) Durchschnitt
         c) Mittelwert
         d) mittelmäßig

42. a) arbeitsame
         b) arbeitsfreie
         c) arbeitsrechtliche
         d) arbeitsunfähige

43. a) über
         b) um
         c) von
         d) nach

E   Anzeige

> „**Dies ist das letzte verdammte**
>
> **Formular, ____44____**
>
> **ich für einen**
>
> **Mietwagen ____45____."**

Sind Sie viel geschäftlich ____46____? Und oft brauchen Sie schnell noch einen Mietwagen? Sind Sie es da nicht leid, Ihre ____47____ Zeit mit Warten und zeitraubenden Mietformularen zu vertrödeln? Sie füllen ein einziges Mal dieses Formular aus und sind der glückliche ____48____ einer *Avis*-Express-Karte. Von nun ab gibt es für Sie keine langen ____49____ mehr. Sie können Ihren *Avis*-Mietwagen vorab telefonisch reservieren und direkt zum *Avis* Express-Schalter gehen.
Dort zeigen Sie einfach Ihre Express-Karte, Führerschein und Kreditkarte und schon liegt Ihnen Ihr Miet-____50____ zur Unterschrift vor.
Schließlich haben Sie keine Zeit zu verschenken.

Welcher Ausdruck passt? Eine Antwort ist richtig.

44. a) das
　　　b) den
　　　c) dass
　　　d) die

45. a) abfülle
　　　b) ausfülle
　　　c) einfülle
　　　d) befühle

46. a) zuwege
　　　b) auswärts
　　　c) unterwegs
　　　d) seitwärts

47. a) wertvolle
　　　b) bedeutende
　　　c) kurze
　　　d) lange

48. a) Besessene
　　　b) Aussteller
　　　c) Besitzer
　　　d) Besetzer

49. a) Abfahrtszeiten
　　　b) Ankunftszeiten
　　　c) Zufahrtszeiten
　　　d) Wartezeiten

50. a) -auto
　　　b) -wagen
　　　c) -vertrag
　　　d) -wert

Wählen Sie die richtige Antwort. <u>Eine</u> Antwort ist richtig.

51. Geschäftsreisende arbeiten meistens _____ der Flüge.

a) während   b) bei   c) innerhalb   d) in

52. Der Manager, _____ der Direktor vor kurzer Zeit zum Leiter der Marketingabteilung ernannt hat, ist im Krankenhaus.

a) der   b) des   c) den   d) dem

53. _____ ein Jahr im Ausland verbringt, hat größere Karrierechancen.

a) Wessen   b) Wen   c) Wenn   d) Wer

54. Die Leute suchen immer nach dem _____ Produkt.

a) beste   b) besten   c) bestes   d) bestem

55. Herr Huber ist _____ diesen Bereich zuständig.

a) um   b) für   c) zu   d) bei

56. Die Regierung wird die Mehrwertsteuer senken.

Wählen Sie den entsprechenden Satz im Passiv!
a) Die Mehrwertsteuer wird von der Regierung gesenkt.
b) Die Mehrwertsteuer wurde von der Regierung gesenkt.
c) Die Mehrwertsteuer wird von der Regierung gesenkt werden.
d) Die Mehrwertsteuer ist von der Regierung gesenkt worden.

57. Wenn er die Anweisungen beachtet _____, _____ der Unfall nicht passiert.

a) hatte / war   b) hatte / wäre   c) hätte / wäre   d) hätte / würde

58. An erst_____ Stelle der Verkaufsschlager stehen Computer.

a) -en   b) -er   c) -em   d) -ø

59. Wenn es _____ recht ist, treffen wir uns morgen.

a) dich   b) du   c) dir   d) deine

60. Herr Yang kommt etwas später, _____ sein Flugzeug ist erst vor zehn Minuten gelandet.

a) weil   b) obwohl   c) nachdem   d) denn

61. Frauen verdienen noch immer weniger _____ Männer.

a) wie   b) dass   c) als   d) außer

62. Die diesjährige Hauptversammlung wird _____ 14. Mai _____ 18 Uhr stattfinden.

a) am / zum   b) am / um   c) in / am   d) um / am

63. Wir hätten unser Angebot erhöhen _____.

a) gemusst   b) zu müssen   c) müssen   d) ø

64. Die Zeitung berichtet: „Die ausländischen Investitionen sind wieder angestiegen."
Die Zeitung berichtet, die ausländischen Investitionen _____ wieder angestiegen.

    a) seien   b) würden   c) werden   d) hätten

65. Frau Canetti _____, als der Besucher kam.

    a) verlässt das Haus
    b) geht aus dem Haus
    c) war bereits aus dem Haus
    d) ist bereits aus dem Haus

66. _____ ich die Sitzung schließe, möchte ich die genannten Punkte kurz zusammenfassen.

    a) Vorher   b) Vor   c) Vorweg   d) Bevor

67. Das Großunternehmen will seine Produktion _____ Ausland verlagern.

    a) nach   b) ins   c) in   d) im

68. _____ der schlechten Wachstumsaussichten kauft er neue Maschinen.

    a) Obwohl   b) Obgleich   c) Trotz   d) Trotzdem

69. Wir suchen einen Angestellten, _____ Aufgabe die Kundenbetreuung sein wird.

    a) der   b) deren   c) des   d) dessen

70. Die enge Verflechtung der deutschen Wirtschaft mit den internationalen Märkten bringt auch Abhängigkeiten _____.

    a) mit ihr   b) mit sich   c) zu ihr   d) zu sich

Text 1

Stimmen die Aussagen mit dem Text überein?
Wenn ja, markieren Sie a) = richtig,
wenn nicht, markieren Sie b) = falsch

Telekom-Budgets explodieren

Die Liberalisierung des Telefonmarktes erweist sich als Konjunkturprogramm für die Werbung. 525 Millionen Euro gaben die Telekomfirmen im letzten Halbjahr für Werbung in Zeitungen, Zeitschriften und elektronischen Medien aus – 66,7 Prozent mehr als ein Jahr zuvor. Der gesamte klassische Werbemarkt wuchs bis Ende Juni dagegen nur um 5,6 Prozent auf 7,86 Milliarden Euro. Davon flossen an die Fernsehsender 37,3 Prozent. Die Autoindustrie gibt weiter am meisten für die Werbung aus. Sie investierte im ersten Halbjahr 884 Millionen Euro. Deutlich gesenkt haben die Brauer ihre Werbebudgets. Die Bierhersteller gaben nur noch 198,8 Millionen Euro aus, 13,2 Prozent weniger als ein Jahr zuvor. Auch Banken und Sparkassen senkten ihr Werbebudget.

Wirtschaftswoche

---

71. Durch die Liberalisierung des Telefonmarktes konnte die Werbung ihre Einnahmen erhöhen.

a) richtig   b) falsch

72. Die Werbeausgaben der Telekomfirmen stiegen um 525 Millionen Euro.

a) richtig   b) falsch

73. Der Anteil der Fernsehsender am Werbemarkt beträgt 37,3 Prozent.

a) richtig   b) falsch

74. Die Banken geben am meisten für die Werbung aus.

a) richtig   b) falsch

75. Die Autoindustrie senkte ihre Werbeausgaben.

a) richtig   b) falsch

76. Die Wachstumsrate des gesamten Werbemarkts betrug 5,6 Prozent.

a) richtig   b) falsch

77. Die Brauereien gaben 13,2 Prozent ihres Budgets für die Werbung aus.

a) richtig   b) falsch

Text 2

Beantworten Sie die unten stehenden Fragen. <u>Eine</u> Antwort ist richtig.

Handy-Aktien

Trotz der rasanten Kursanstiege der klassischen Handy-Hersteller *Nokia, Ericsson* und *Motorola* erwarten Analysten, dass der Boom weitergeht. Denn der Markt für mobile Geräte steckt noch in den Kinderschuhen. Ein explosionsartiges Wachstumspotenzial steckt nach Ansicht des Technologie-Analysten Roland Pitz von der HypoVereinsbank vor allem in neuartigen Produkten wie mobilen Telefonen, auf deren Display auch E-Mails und Internet-Texte lesbar sind. *Nokia* gilt bei vielen Analysten als Favorit: „Die Firma schafft es immer wieder, pfiffige Produkte auf den Markt zu bringen, die sich auch verkaufen lassen", sagt Pitz. *Ericsson und Motorola* gelten ebenso als aussichtsreich. Eine Aktie mit sehr großem Aufhol-Potenzial ist für viele Analysten *Alcatel*. Bei der Bewertung der *Siemens*-Aktie dagegen spielen die Handys als kleiner Teil im weltweiten Gesamtgeschäft kaum eine Rolle.

Der Spiegel, 14/1999

---

78. Was wird über die Entwicklung der Handy-Aktien gesagt?

a) Die Kursanstiege der Handy-Aktien werden bald stagnieren.
b) Der Wert der Handy-Aktien wird in Kürze sinken.
c) Der Kurs der Handy-Aktien wird weiter ansteigen.

79. Der Grund für diese Entwicklung ist:

a) das Interesse der Kinder für Handys.
b) das wachsende Interesse für Mobiltelefone.
c) die Produktionsumstellung vieler High-Tech-Firmen auf Kinderschuhe.

80. Die mobilen Geräte haben einen großen Erfolg, weil die Produkte _____ werden.

a) immer komplizierter
b) immer raffinierter
c) immer teurer

81. Zur Bewertung der Siemens-Aktie trägt die Handy-Sparte _____ bei.

a) gar nicht
b) fast nicht
c) wesentlich

82. Wie sind die Aussichten für die verschiedenen Hersteller?

a) *Alcatel* hat gute Aussichten auf einen Kursanstieg.
b) *Ericsson* und *Motorola* müssen mit einem Kurseinbruch rechnen.
c) *Nokia* gilt als nicht sehr aussichtsreich.

Text 3

Beantworten Sie die unten stehenden Fragen. <u>Eine</u> Antwort ist richtig.

Ein Drittel der Bekleidung kommt aus Asien

Die Globalisierung hat die geografische Verteilung der Produktion binnen zwei Jahrzehnten dramatisch verändert. In Deutschland hat sich die Beschäftigung in der Textil- und Schuhindustrie binnen vier Jahren um 40 Prozent vermindert, während sie zum Beispiel in China um 57 Prozent zugenommen hat. Gegenwärtig werden 60 Prozent der Bekleidungsexporte in Entwicklungsländern hergestellt. Der wichtigste Lieferant ist Asien; auf diese Region entfällt ungefähr ein Drittel aller Ausfuhren. China ist inzwischen der führende Produzent von Bekleidung; das Land liefert schon 13 Prozent des Weltangebots.

In der Textilindustrie hat die Globalisierung früher begonnen; Spinnereien und Webereien sind schon in den sechziger Jahren nach Asien verlagert worden. Doch trotz des starken Wachstums der Garn- und Gewebeproduktion in den Entwicklungsländern sind die Industriestaaten noch immer die größten Anbieter, weil bei dieser stark automatisierten Produktion der Anteil der Lohnkosten geringer ist als bei Bekleidungsherstellern. So ist heute immer noch Deutschland mit einem Anteil von 12 Prozent der größte Exporteur von Textilgeweben. An zweiter Stelle steht Italien mit einem Anteil von 8 Prozent.

---

83. Was erfährt man in diesem Artikel?

    a) Die Globalisierung hat die geografische Verteilung der Produktion nicht verändert.
    b) 40 Prozent der Bekleidungsexporte werden in Nicht-Entwicklungsländern produziert.
    c) Die Zahl der Arbeitsplätze ist in der chinesischen Bekleidungsindustrie stark gesunken.
    d) 13 Prozent des Welt-Bekleidungsangebots stammen aus Deutschland.

84. Es wird behauptet, dass

    a) Asien einer der größten Lieferanten von Bekleidungsexporten ist.
    b) 13 Prozent der Weltproduktion aus Indien stammen.
    c) Italien unbestrittener Marktführer in der Bekleidungsindustrie ist.
    d) 60 Prozent der Bekleidung in Deutschland hergestellt wird.

85. In der Textilindustrie

    a) sind die industrialisierten Länder von der Dritten Welt überholt worden.
    b) bleiben die hochindustrialisierten Länder die Hauptanbieter.
    c) sind die Webereien noch nicht nach Asien verlagert worden.
    d) hat die Gewebeproduktion viel Mühe, die Produktion zu steigern.

86. Der größte Exporteur von Textilgeweben ist

    a) Italien.
    b) China.
    c) Deutschland.
    d) ein Entwicklungsland.

87. In den Entwicklungsländern

    a) hat sich die Beschäftigung um 40 Prozent vermindert.
    b) wurde die Produktion stark automatisiert.
    c) werden 60 Prozent der Bekleidungsexporte produziert.
    d) wird ein Drittel aller Ausfuhren hergestellt.

88. Welche Aussage stimmt mit dem Artikel überein?

a) Webereien wurden schon vor 40 Jahren nach Asien verlagert.
b) Italien ist der größte Konkurrent für die Dritte Welt.
c) Die fortschreitende Automatisierung in den Industriestaaten ist ein Grund für die Verlagerung der Produktion.
d) Deutschland liegt hinter Italien in Bezug auf die Produktion von Textilgeweben.

89. Wann begannen die Veränderungen in der Bekleidungsindustrie?

a) vor vier Jahren
b) vor zehn Jahren
c) vor zwanzig Jahren
d) vor vierzig Jahren

Text 4

Beantworten Sie die unten stehenden Fragen. <u>Eine</u> Antwort ist richtig.

Siemens wächst wieder im Inland

Mit einem Plus von 6 Prozent hat *Siemens* in den drei Monaten von Oktober bis Dezember vergangenen Jahres den Auftragseingang im Ausmaß des abgelaufenen Geschäftsjahres ausgeweitet. Kamen die Bestellungen in den letzten Jahren vor allem aus dem Ausland, so ist erstmals wieder das Inland bestimmend. Die Aufträge aus Deutschland kletterten um 20 Prozent auf 4,9 Milliarden Euro. Jenseits der Grenzen stagnierte das Neugeschäft nahezu. Die veränderte Lage ist allerdings auf mehrere inländische Großaufträge zurückzuführen. Die weitere Entwicklung bleibt somit abzuwarten. Im Ausland steht einer Steigerung der Bestellungen aus den USA um 43 Prozent ein Rückgang in der Region Asien/Pazifik um 27 Prozent gegenüber.

Auf Umgliederungen der *Siemens AG* ist die Zunahme der weltweiten Belegschaft um 6 Prozent auf 436 000 Personen zurückzuführen. Im Inland wurden zum Jahresende unverändert 194 000 Mitarbeiter beschäftigt. Der Gewinn nach Steuern hat sich im ersten Quartal um 12 Prozent auf 319 Millionen Euro verbessert. Das Arbeitsgebiet Energie ist dabei wieder in die schwarzen Zahlen zurückgekehrt. Das Minus der Verkehrstechnik hat sich, wie auf Anfrage erklärt wurde, verringert. Zum Ergebnis des Halbleiterbereiches, des größten Verlustbringers im abgelaufenen Geschäftsjahr, wurden keine Angaben gemacht.

Für das Gesamtjahr hält *Siemens* an den Prognosen des Konzernchefs fest. Umsatz und Gewinn sollen zweistellig zunehmen – wobei der Profit sich etwas besser entwickeln soll.

---

90. Die *Siemens AG* hat

a) seit Dezember ein Auftragsplus verzeichnet.
b) innerhalb von drei Monaten die Auftragslage verbessert.
c) ein Auftragsminus verzeichnet.
d) drei Monate Zeit, um aus den roten Zahlen zu kommen.

91. Was wird außerdem festgestellt?

a) Die Bestellungen kamen im letzten Jahr überwiegend aus dem Ausland.
b) *Siemens* hat in den letzten Jahren mehr im Inland verkauft.
c) Die Firma hat zum ersten Mal weniger im Ausland als im Inland verkauft.
d) Die Auslandsaufträge kommen den Inlandsaufträgen erstmals gleich.

92. Die Lage hat sich verändert, weil

a) die Bestellungen in den USA zurückgegangen sind.
b) die Bestellungen in Asien um 43 Prozent abgenommen haben.
c) die Bestellungen in den USA um 27 Prozent gestiegen sind.
d) bedeutende Aufträge im eigenen Land erteilt worden sind.

93. Bei der *Siemens AG*

a) hat man eine Zunahme der deutschen Belegschaft festgestellt.
b) hat man eine Zunahme der weltweiten Belegschaft um 436 000 Personen festgestellt.
c) hat der inländische Personalbestand weder zu- noch abgenommen.
d) werden in Deutschland immer weniger Mitarbeiter beschäftigt.

94.   Dank der Umgliederungen bei der *Siemens AG*

   a) ist die Energiesparte defizitär geworden.
   b) hat der Halbleiterbereich wieder schwarze Zahlen geschrieben.
   c) hat sich der Bereich Verkehrstechnik verbessert.
   d) sind die Verluste im Halbleiterbereich gründlich besprochen worden.

95.   Dem Konzernchef nach

   a) sollte der Umsatz nicht zunehmen.
   b) würde man an den Prognosen für die ersten sechs Monate des Jahres festhalten können.
   c) sollte trotz der Umgliederungen der Profit vorläufig stagnieren.
   d) sollte sich die Umsatzsteigerung auf den Profit positiv auswirken.

Text 5

Beantworten Sie die unten stehenden Fragen. <u>Eine</u> Antwort ist richtig.

Milliardenumsätze mit E-Commerce

Im vergangenen Jahr haben in Deutschland erst rund 10 Prozent aller Unternehmen überhaupt Electronic Commerce im Verkehr mit ihren Geschäftspartnern angewendet. In den nächsten Jahren soll sich der Einsatz auf etwa 80 Prozent erhöhen, was den Umsatzzuwächsen entspricht. Der größte Teil des Electronic Commerce dürfte sich zukünftig auf sogenannte „Business to Business"-Transaktionen beschränken, worunter Ordergeschäfte zwischen Unternehmen zu verstehen sind.

Sollte es innerhalb eines Fünfjahreszeitraums in einzelnen Handelssegmenten zu einer Verlagerung von 5 Prozent des Handelsvolumens ins Internet kommen, so hat dies mittelfristig erhebliche Konsequenzen für die Struktur des Handels, aber auch für die Beziehungen zwischen Händlern und Produzenten.

„Business to Business Electronic Commerce" hilft den jeweiligen Firmen, starke Verwaltungskosteneinsparungen vorzunehmen. Aber nicht nur der Verbuchungs- und Kontrollaufwand reduziert sich; es werden gleichzeitig die Orderverläufe der Firmen durch elektronische Bestellungen spürbar verkürzt. Andererseits erfordert dies bei den Produzenten und Händlern ein erheblich verändertes Logistikkonzept, was unter Umständen Vorlaufinvestitionen in entsprechende Software notwendig macht. Bei den Firmen, die sich nicht rechtzeitig auf die erforderlichen Umstrukturierungen vorbereiten, dürfte sich dies negativ auf deren Ertragskraft auswirken und eventuell einen weiteren Konzentrationsprozess zur Folge haben.

contact

---

96. Innerhalb von ein paar Jahren soll sich der Einsatz von Electronic Commerce _____ erhöhen.

    a) auf 10 Prozent
    b) auf 80 Prozent
    c) auf 70 Prozent
    d) auf 5 Prozent

97. Die Anwendung des elektronischen Handels

    a) wird keine Umsatzzuwächse mit sich bringen.
    b) wird alle Transaktionen ermöglichen.
    c) wird sich überwiegend auf Ordergeschäfte zwischen Unternehmen beschränken.
    d) gehorcht dem Motto: „Business ist Business."

98. Eine Verlagerung von 5 Prozent des Handelsvolumens ins Internet würde

    a) innerhalb von 5 Jahren neue Handelssegmente schaffen.
    b) den Handel bedeutend umstrukturieren.
    c) sich mittelfristig auf die Produktion kaum auswirken.
    d) Händler und Produzenten gegeneinander aufbringen.

99. Der elektronische Handel bietet viele Vorteile:

    a) Bestellungen werden schneller ausgeführt.
    b) Alle Verwaltungskosten fallen weg.
    c) Die Verbuchungsoperationen werden hinfällig.
    d) Kontrollen werden überflüssig.

100. Was erfordert der elektronische Handel?

a) Die Neugestaltung von Logistikkonzepten.
b) Einen Konzentrationsprozess der Software-Firmen.
c) Hohe Erträge der jeweiligen Firma.
d) Sehr gute Beziehungen zwischen Händlern und Produzenten.

In diesem Teil des Tests hören Sie

– einfache Aussagen,
– Dialoge,
– Hörtexte,
– ein Interview.

Sie dürfen sich keine Notizen machen.

Beispiel:

Aussage:
> Sie hören:
> **Frau Kurz, buchen Sie bitte einen Flug nach München, und zwar für den 3. August.**

Frage:
> **Was soll Frau Kurz machen?**

Nachdem Sie die Frage gehört haben, lesen Sie:

Antwort:
> Sie lesen:
> a) Sie soll nach München fliegen.
> b) Sie soll am 3. August einen Flug buchen.
> c) Sie soll für den 3. August einen Flug nach München buchen.

Die richtige Antwort ist ➩ **c.**

> c) Sie soll für den 3. August einen Flug nach München buchen.

Sie markieren also **c.**

A   Einfache Aussagen

Sie hören die Aussage und die Frage nur 1x. Sie dürfen sich <u>keine Notizen</u> machen.
Nach dem Hören lesen Sie die Antworten. Dann markieren Sie die richtige Antwort.
<u>Eine</u> Antwort ist richtig.

101.   a) zum Bahnhof
　　　　 b) zum Flughafen
　　　　 c) zum Hafen

102.   a) der Auftrag
　　　　 b) der Vortrag
　　　　 c) der Vertrag

103.   a) Sie waren ein voller Erfolg.
　　　　 b) Die erwarteten Ergebnisse wurden nicht erreicht.
　　　　 c) Sie sind misslungen.

104.   a) Sie hat keine Erfahrung.
　　　　 b) Sie hat eine langjährige Erfahrung.
　　　　 c) Sie arbeitet am liebsten allein.

105.   a) eine Wohnung
　　　　 b) ein Zimmer
　　　　 c) ein Fahrzeug

106.   a) Schulungen für zukünftige Existenzgründer
　　　　 b) Veranstaltungen für interessierte Mitarbeiter
　　　　 c) Seminare für Ausländer

107.   a) über Internet
　　　　 b) per Fax
　　　　 c) per Post

108.   a) Alle Flüge sind für die kommenden 3 Monate ausgebucht.
　　　　 b) Die Flüge müssen 3 Monate im Voraus gebucht werden.
　　　　 c) Für vorausgebuchte Flüge werden Sonderbedingungen eingeräumt.

109.   a) mit dem Leiter der Rechtsabteilung
　　　　 b) mit dem Leiter der Personalabteilung
　　　　 c) mit dem Verantwortlichen der Marketingabteilung

110.   a) nächsten April
　　　　 b) nächsten August
　　　　 c) nächsten Oktober

111.   a) Der Verkäufer übernimmt die Kosten für die Reparatur.
　　　　 b) Die kostenlose Reparatur beschränkt sich auf die Garantiezeit.
　　　　 c) Der Kunde muss die Reparaturkosten während der Garantiezeit übernehmen.

112.   a) Wir kaufen die Lebensmittel in einem Verbrauchermarkt ein.
　　　　 b) Wir kaufen unsere Nahrungsmittel in einem Warenhaus.
　　　　 c) Am Samstag sind die Warenhäuser geschlossen.

113.   a) Die Unternehmen haben ihre Investitionen in die Biotechnologie verdoppelt.
      b) Die Zahl der Unternehmensgründungen im Bereich der Biotechnologie hat sich verdoppelt.
      c) Die Zahl der Bio-Tech-Unternehmen ist um die Hälfte zurückgegangen.

114.   a) Die Kurse steigen seit einer Woche ununterbrochen an.
      b) An der Börse hat es starke Kursbewegungen gegeben.
      c) Der Börsenkrach hat eine Woche lang gedauert.

115.   a) Die Einzelhändler fordern einen stabilen Euro.
      b) Der Einzelhandel ist für eine doppelte Preisauszeichnung.
      c) Der Einzelhandel ist gegen eine doppelte Preisauszeichnung.

B   Dialoge

Sie hören jetzt kurze Dialoge und je eine Frage. Die Dialoge und die Frage hören Sie nur 1x. Sie dürfen sich <u>keine Notizen</u> machen.
Nach dem Hören lesen Sie die Antworten. Dann markieren Sie die richtige Antwort. <u>Eine</u> Antwort ist richtig.

116.   a) Es geht um den Lufttransport.
    b) Es handelt sich um das Verkehrswesen.
    c) Es handelt sich um die Tourismusbranche.
    d) Es geht um den Schienen- und Straßenverkehr.

117.   a) der Flughafen
    b) der Hafen
    c) die Autobahn
    d) die Neubauten

118.   a) Er will die Stammkunden besonders ansprechen.
    b) Er setzt weiterhin auf seine Stammkunden.
    c) Die Laufkundschaft stellt nicht sein Hauptinteresse dar.
    d) Er will sich besonders der Laufkundschaft annehmen.

119.   a) Er soll Aktien der britischen Telekom kaufen.
    b) Er soll seine Telefonkosten um die Hälfte reduzieren.
    c) Er soll seine Telefonrechnung genauer prüfen.
    d) Er sollte seine Telefongespräche über die britische Telekom laufen lassen.

120.   a) an Sonn- und Feiertagen
    b) an allen Werktagen
    c) nur sonntags
    d) auch sonn- und feiertags

121.   a) Sie werden europaweit einheitlich gestaltet werden.
    b) Sie werden die Währungseinheit eines bestimmten Landes widerspiegeln.
    c) Sie werden zwei gleiche Seiten haben.
    d) Eine Seite wird – je nach Land – verschieden gestaltet werden.

122.   a) Sie hat Volkswirtschaftslehre studiert.
    b) Sie hat Maschinenbau studiert.
    c) Sie hat Betriebswirtschaftslehre studiert.
    d) Sie hat Sozialwissenschaften studiert.

123.   a) für Dienstleistungen
    b) für Fernsehgeräte
    c) für ein kurzlebiges Konsumprodukt
    d) für Investitionen

124.   a) der Bericht über die Vorstandssitzung
    b) der Reisebericht
    c) der Bericht der Fortbildungsabteilung
    d) der Bericht der Forschungsabteilung

125. a) im Kunstgewerbe
b) im Hotel- und Gaststättengewerbe
c) im Baugewerbe
d) im grafischen Gewerbe

126. a) Sie sind eher pessimistisch.
b) Sie sind insgesamt gesehen positiv.
c) Es gibt Gründe zur Besorgnis.
d) Die Ausfuhren von Industriegütern sind rückläufig.

127. a) im Bereich der Lebensversicherung
b) im Bereich der Altersversicherung
c) im Bereich der Krankenversicherung
d) im Bereich der Kraftfahrzeugversicherung

128. a) Die Kundin findet alle Informationen in einem Faltblatt.
b) Das Porto hängt nur vom Gewicht ab.
c) Es ist nicht möglich, ein Einschreiben nach Australien zu versenden.
d) Das Porto ist überhaupt nicht vom Wert des Inhalts abhängig.

129. a) Der Vortrag wird nicht stattfinden.
b) Man verhandelt über ein Honorar.
c) Das Honorar wird ohne Verhandlung akzeptiert.
d) Das Honorar ist seit acht Monaten fällig.

Sie hören jetzt drei längere Dialoge und je drei Fragen. Sie hören die Dialoge und die Fragen nur 1x. Sie dürfen sich __keine Notizen__ machen. Nach dem Hören jeder Frage lesen Sie die Antworten. Dann markieren Sie die richtige Antwort. __Eine__ Antwort ist richtig.

Dialog 1

Fragen von 130 bis 132

130. a) Die Firma SANITEC ruft die BAD KG an.
b) Die Firma BAD KG ruft Herrn Schneider an.
c) Herr Schneider ruft die Firma BAD KG an.
d) Herr Schneider ruft die Firma SANITEC an.

131. a) Die Firma SANITEC verlangt ein Angebot über Duschkabinen.
b) Die Firma BAD KG plant, Duschkabinen in ihr Verkaufsprogramm aufzunehmen.
c) Herr Schneider möchte seine Sanitäranlagen erneuern.
d) Die BAD KG plant, Duschkabinen herzustellen.

132. a) Die Lieferung soll kurzfristig erfolgen.
b) Die Lieferfristen sind viel zu lang.
c) Das Angebot soll Angaben über die Lieferfristen enthalten.
d) Die Lieferfristen müssen unbedingt eingehalten werden.

Dialog 2

Fragen von 133 bis 135

133. a) mit dem Leiter der Buchhaltung
      b) mit dem Unternehmensleiter
      c) mit dem Direktor von Klimseck & Co
      d) mit der Telefonistin

134. a) Er ist Unternehmensberater.
      b) Er ist Wirtschaftsprüfer.
      c) Er ist Steuerberater.
      d) Er ist Buchhalter.

135. a) Ihm fehlen gewisse Informationen.
      b) Die ihm gelieferten Unterlagen sind falsch.
      c) Die aufgestellte Bilanz ist gefälscht worden.
      d) Die Abschreibungsmethode entspricht nicht den Vorgaben.

Dialog 3

Fragen von 136 bis 138

136. a) über die Arbeitslosigkeit
      b) über neue Software-Programme
      c) über Produktpiraterie
      d) über den Verbraucherschutz

137. a) 270 000
      b)   70 000
      c)   7 000
      d)   2 700

138. a) Uhren
      b) Autoteile
      c) Software-Programme
      d) Parfum

C   Hörtexte

Sie hören jetzt zwei Texte und mehrere Fragen. Sie hören die Texte 2x, die Fragen nur 1x.
Sie dürfen sich keine Notizen machen.
Nach dem Hören lesen Sie die Antworten. Dann markieren Sie die richtige Antwort.
Eine Antwort ist richtig.

Hörtext 1

Fragen von 139 bis 142

139.   a) die Sicherstellung von elektronischen Geräten
       b) die Abschaffung der Handelsbarrieren
       c) die Preisgestaltung
       d) der Elektrogeräteabsatz

140.   a) Die Konsumenten profitieren davon.
       b) Der Abbau ist besonders für die EU von Vorteil.
       c) In den Vereinigten Staaten sieht man nur Nachteile.
       d) Das Handelsvolumen wird verkleinert werden.

141.   a) den Handel mit allen Produkten außer Elektrogeräten
       b) die Harmonisierung von Produkttests und Produktkontrollen
       c) die Einführung von doppelten Zulassungsverfahren
       d) die Sicherheit von nicht-elektronischem Material

142.   a) werden die Prozeduren verdoppelt
       b) werden künftig die Amerikaner und die Europäer nur eine Zulassungsprozedur verlangen
       c) wird die Zulassung von Elektrogeräten erschwert
       d) werden Barrieren geschaffen

Hörtext 2

Fragen von 143 bis 146

143.   a) nicht erwähnenswert
       b) bedeutend
       c) unbedeutend
       d) noch nicht feststellbar

144.   a) Man verzeichnet geringe Wachstumsraten.
       b) Die Wachstums- und Investitionsraten sind sehr hoch.
       c) Die Produktivität konnte nicht erhöht werden.
       d) Es gab keine Steigerung der Produktivität.

145.   a) in Erfurt
       b) in Eisenach
       c) in Jena
       d) in Weimar

146.   a) Sie wurden auf produktive industrielle Kerne reduziert.
       b) Sie erhalten nach wie vor Subventionen vom Staat.
       c) Westdeutsche Betriebe haben die Staatsunternehmen unverändert übernommen.
       d) Man weiß noch nicht, was man mit den früheren Staatsbetrieben machen soll.

D   Interview

Sie hören jetzt ein Interview und mehrere Fragen. Sie hören das Interview 2x, die Fragen nur 1x.
Sie dürfen sich <u>keine Notizen</u> machen.
Nach dem Hören lesen Sie die Antworten. Dann markieren Sie die richtige Antwort.
<u>Eine</u> Antwort ist richtig.

Fragen von 147 bis 150

147.   a) die Felder um Stuttgart
       b) kompetente und dynamische Fachleute
       c) die Veranstaltungen
       d) die Aussteller

148.   a) Fachmessen
       b) Messen, die europäische Aussteller anziehen sollen
       c) Messen für die breite Öffentlichkeit
       d) Computermessen

149.   a) Sie konzentriert sich vor allem auf Europa.
       b) Sie lehnt die Zusammenarbeit mit anderen Messeveranstaltern ab.
       c) Die „global player" interessieren sie nicht.
       d) Durch Vertretungen in verschiedenen Ländern wird sie zu einer „Hauptfigur" im Messegeschehen.

150.   a) eine neue „Hardware" für die Computer
       b) einen Standort in einem anderen Bundesland
       c) ein neues Messegelände
       d) Nach der Jahrtausendwende soll die Messe nicht mehr stattfinden.

A   Einfache Aussagen

Sie hören die Aussage und die Frage nur 1x. Sie dürfen sich <u>keine Notizen</u> machen. Nach dem Hören lesen Sie die Antworten. Dann markieren Sie die richtige Antwort. <u>Eine</u> Antwort ist richtig.

101.   Wie komme ich von hier zum Flughafen?
Wohin will die Frau fahren?

102.   Wir konnten endlich den Vertrag unterschreiben.
Was wurde endlich unterschrieben?

103.   Die Verhandlungen in Singapur waren sehr erfolgreich.
Was sagt man über die Verhandlungen?

104.   Sie hat zehn Jahre Erfahrung und arbeitet sehr gut im Team.
Was sagt man über ihre Erfahrung?

105.   Haben Sie für meinen Aufenthalt in Athen ein Auto gemietet?
Was sollte gemietet werden?

106.   Die Düsseldorfer Industrie- und Handelskammer bietet für interessierte Unternehmensgründer vierwöchige Seminare an.
Was bietet die Düsseldorfer Industrie- und Handelskammer an?

107.   Sie können sämtliche Informationen über unser Unternehmen auf unserer Web-Seite finden.
Wie kann man Informationen über die Firma bekommen?

108.   Sollten Sie Ihren Flug 3 Monate im Voraus buchen, gewähren wir Ihnen einen Preisnachlass von 30 Prozent.
Welche Aussage wird gemacht?

109.   Ich habe einen Termin mit dem Leiter der Marketingabteilung.
Mit wem ist ein Termin vereinbart?

110.   Kommenden Herbst wird unser neues Produkt auf den Markt kommen.
Wann wird das neue Produkt auf den Markt kommen?

111.   Nach Ablauf der Garantiezeit muss der Käufer die Reparaturkosten tragen.
Welche Aussage ist richtig?

112.   Wir machen alle Großeinkäufe am Wochenende in der Lebensmittelabteilung eines Warenhauses.
Welche Aussage ist richtig?

113.   Die Zahl der Biotechnologie-Unternehmen hat sich innerhalb der letzten beiden Jahre verdoppelt.
Welche Aussage ist richtig?

114.   Nach starken Kurseinbrüchen haben sich alle Werte innerhalb einer Woche wieder erholt.
Was passierte an der Börse?

115.   Der Einzelhandel wehrt sich gegen eine Preisauszeichnung in Mark und Euro.
Welche Aussage ist richtig?

B   Dialoge

Sie hören jetzt kurze Dialoge und je eine Frage. Die Dialoge und die Frage hören Sie nur 1x. Sie dürfen sich keine Notizen machen.
Nach dem Hören lesen Sie die Antworten. Dann markieren Sie die richtige Antwort.
Eine Antwort ist richtig.

116.   A: Wie hat sich der Fremdenverkehr in den letzten Jahren entwickelt?
B: Über die Zuwachsraten können wir uns wirklich nicht beklagen.

Um welchen Wirtschaftszweig geht es in diesem Gespräch?

117.   A: Wie war die Reise nach Manila?
B: Die Besichtigung des Hafens war am interessantesten.
A: Man sagt, der Hafen von Manila sei einer der bedeutendsten in Asien.

Was war am interessantesten?

118.   A: Als Ladeninhaber werde ich mich verstärkt um die Laufkundschaft kümmern.
B: Wenn es nach mir ginge, würde ich weiterhin auf unsere Stammkunden setzen.
A: Das eine schließt ja das andere nicht aus.

Welche Pläne hat der Geschäftsinhaber?

119.   A: Sagen Sie, Herr Klein, wie könnte ich meine Telefonrechnung halbieren?
B: An Ihrer Stelle würde ich es mit einem privaten Telefondienst wie z.B. der britischen Telekom versuchen.
A: Glauben Sie wirklich, dass die meine Kosten um die Hälfte senken könnten?
B: Sie müssen es einfach einmal auf einen Versuch ankommen lassen.

Was rät Herr Klein seinem Gesprächspartner?

120.   A: Verkehrt der ICE-Zug auch sonn- und feiertags?
B: Einen Augenblick, ich sehe mal im Computer nach.
A: Gut, dass die EDV auch diese Aufgaben übernimmt.
B: Hier haben wir's, es tut mir Leid, aber der Zug verkehrt nur werktags.

An welchen Tagen verkehrt der ICE-Zug?

121.   A: Die neuen Euro-Münzen sollen auf der einen Seite landesverschieden gestaltet werden.
B: Das darf doch nicht Ihr Ernst sein!
A: Wenn ich es Ihnen sage, das Europa-Parlament hat dafür gestimmt.

Wie werden die neuen Euro-Münzen aussehen?

122.   A: Was haben Sie eigentlich studiert?
B: Ich habe ein abgeschlossenes Studium als Betriebswirtin.
A: An welcher Universität waren Sie immatrikuliert?
B: Ich habe an der Technischen Universität Berlin studiert.

Was hat die Frau studiert?

123.   A: Wann wollen Sie die Werbekampagne starten?
B: Da es sich um ein Genussmittel handelt, wäre Anfang März der beste Zeitpunkt.
A: Welche Werbeträger haben Sie vorgesehen?
B: Fernsehen und Radio

Für welche Art von Produkt wird eine Werbekampagne geplant?

124. A: Sind alle Unterlagen für die Sitzung mit dem Vorstand bereit?
B: Es fehlt noch der Bericht der Forschungs- und Entwicklungsabteilung.
A: Rufen Sie dort sofort an, damit wir den Bericht morgen früh bekommen.

Was fehlt für die Sitzung?

125. A: Was versteht man eigentlich unter dem Begriff „Billigjobs"?
B: Es sind nicht versicherungspflichtige Teilzeittätigkeiten.
A: Haben Sie dafür konkrete Beispiele?
B: Ja, denken Sie einmal an die 100 000 Zeitungsausträger oder die Teilzeitbeschäftigten im Gaststättengewerbe.

In welchen Bereichen werden die meisten Billigjobs geschaffen?

126. A: Die Industriekonjunktur gewinnt in Deutschland an Fahrt.
B: Wodurch ist diese Entwicklung bedingt?
A: Natürlich wird der Aufschwung in erster Linie von den Ausfuhren getragen.
B: Und welche Bereiche ziehen daraus in erster Linie Nutzen?
A: Es sind die Chemie, das Papiergewerbe, aber auch die Investitionsgüterindustrie.

Wie sind die Voraussagen für die Entwicklung der Industriekonjunktur?

127. A: Willkommen zur wöchentlichen Dienstbesprechung. Wie war die vergangene Woche in Ihrer Region, Herr Seiler?
B: Ich habe 7 Abschlüsse von Lebensversicherungen gemacht, 3 Autos angemeldet und 5 Krankenversicherungen abgeschlossen.
A: Ein sehr gutes Ergebnis.

In welchem Bereich hat Herr Seiler die meisten Abschlüsse getätigt?

128. A: Was kann ich für Sie tun?
B: Was kostet das Porto für einen eingeschriebenen Brief nach Australien?
A: Das hängt von der Wertangabe für den Inhalt ab.
B: Hier, in diesem Faltblatt finden Sie sämtliche Informationen.

Welche Auskunft gibt der Postbeamte?

129. A: Das Honorar für den Vortrag beträgt 1000 Euro.
B: Das ist zu hoch, das können wir uns nicht leisten. Frau Taylor, wir haben dafür nur 800 Euro vorgesehen.
A: Na ja, Herr Bauer, da wir schon seit längerer Zeit zusammenarbeiten, will ich Ihnen entgegenkommen. Sagen wir 900 Euro, wäre das in Ordnung?
B: Nun gut, Frau Taylor, also 900 Euro.

Worum geht es in diesem Gespräch?

Sie hören jetzt drei längere Dialoge und je drei Fragen. Sie hören die Dialoge und die Fragen nur 1x. Sie dürfen sich keine Notizen machen. Nach dem Hören jeder Frage lesen Sie die Antworten. Dann markieren Sie die richtige Antwort. Eine Antwort ist richtig.

Dialog 1

Sekretärin: Sanitec, Guten Tag.

Schneider: Guten Tag, hier Schneider von der Firma *Bad KG* in Frankfurt. Wir sind Ausstatter von Sanitäranlagen und wären an Ihren Duschkabinen interessiert. Sie stellen die Kabinen in verschiedenen Modellen her, nicht wahr?

Sekretärin: Ja, das ist richtig. Die neuesten technischen Errungenschaften fließen in unsere Modelle ein.

Schneider: Wir würden gern Ihre Modelle in unser Verkaufsprogramm aufnehmen.
Könnten Sie uns ein ausführliches Angebot über Ihre verschiedensten Modelle mit den Lieferfristen, Preisen, Zahlungsbedingungen usw. zusenden?

Sekretärin: Ja, gern. Ich notiere Ihre Adresse.

Schneider: Unsere Anschrift ist *Bad KG*, Hofgarten 46, 78696 Frankfurt.

Fragen von 130 bis 132

130. Wer ruft wen an?

131. Was ist der Grund des Anrufs?

132. Was sagt man bezüglich der Lieferfristen?

Dialog 2

A: Natermann GmbH, guten Tag. Was kann ich für Sie tun?
B: Guten Tag, mein Name ist Köchling. Ich bin Wirtschaftsprüfer bei *Klimseck & Co*. Könnten Sie mich bitte mit Herrn Friedrich von der Buchhaltung verbinden?
A: Einen Augenblick, bitte.
C: Friedrich am Apparat, was kann ich für Sie tun?
B: Ich arbeite bei Klimseck & Co gerade an Ihren Jahresabschlüssen und habe da ein kleines Problem.
C: Wie soll ich das verstehen?
B: Nun, wie Sie wissen, müssen wir unseren Bestätigungsvermerk zu Ihrer Bilanz und der Gewinn- und Verlustrechnung vor Ende des Monats machen.
C: Und wo liegt das Problem?
B: Nun, ich brauche dazu einen Ausdruck Ihrer neuesten Inventur, damit ich Ihr Abschreibungsverfahren überprüfen kann.
C: Wenn es weiter nichts ist, faxe ich Ihnen die fehlenden Informationen umgehend zu.
B: Herr Friedrich, ich danke Ihnen recht herzlich für Ihre Bemühungen.

Fragen von 133 bis 135

133. Mit wem möchte Herr Köchling sprechen?

134. Was ist Herr Köchling von Beruf?

135. Mit welchem Problem ist Herr Köchling konfrontiert?

Dialog 3

A: Haben Sie das schon gelesen? In Deutschland gehen 70 000 Arbeitsplätze durch Produktpiraten verloren. Der weltweite Schaden beträgt jährlich rund 270 Milliarden Euro.
B: Was wird denn alles kopiert?
A: Uhren, Videokassetten, Parfum, T-Shirts, Ersatzteile fürs Auto, Medikamente und seit einigen Jahren vor allem Software; 43 von 100 Software-Programmen sind Raubkopien.
B: Das kann ja auch gefährlich werden. Was macht man eigentlich, um den Verbraucher zu schützen?
A: Der Zoll beschlagnahmt die Waren. Außerdem wurde der „Aktionskreis deutsche Wirtschaft gegen Produkt- und Markenpiraterie" gegründet, der auch Detektive einsetzt.

Fragen von 136 bis 138

136. Worüber spricht man in diesem Dialog?

137. Wie viele Arbeitsplätze gehen dadurch in Deutschland verloren?

138. Was wird seit einigen Jahren vor allem kopiert?

C   Hörtexte

Sie hören jetzt zwei Texte und mehrere Fragen. Sie hören die Texte 2x, die Fragen nur 1x.
Sie dürfen sich keine Notizen machen.
Nach dem Hören lesen Sie die Antworten. Dann markieren Sie die richtige Antwort.
Eine Antwort ist richtig.

Hörtext 1

Amerika und die EU bauen Handelsschranken ab

Die Vereinigten Staaten und die Europäische Union bauen weitere Handelsschranken ab. Damit entfallen die Barrieren für ein Handelsvolumen von 40 Milliarden Dollar. Die Verbraucher profitieren davon durch niedrigere Preise.

In den Vereinbarungen wird die gegenseitige Anerkennung von Tests und Kontrollen von Produkten geregelt – von Telekommunikationsgeräten bis zu medizinischen Apparaten. Vor allem der Handel mit Elektrogeräten wird von doppelten Zulassungsprozeduren befreit. Ziel seien gemeinsame Richtlinien für Sicherheit und Zulassung von Geräten – von Radios bis zu Computern. Künftig werden Elektrogeräte in der EU und den Vereinigten Staaten nur einmal zugelassen.

Bisher wurden für Elektrogeräte auf beiden Seiten des Atlantiks eigene Zulassungsverfahren verlangt.

Der Zentralverband für Elektrotechnik in Frankfurt fordert auch entsprechende Abkommen mit Elektroanbietern aus Fernost.

(Sie hören den Text nun noch einmal.)

Fragen von 139 bis 142

139. Was ist die Hauptinformation in diesem Text?

140. Welche Folgen hat der Abbau von Handelsschranken?

141. Gemeinsame Richtlinien betreffen _____.

142. Durch den Vertrag zwischen der EU und den USA _____.

Hörtext 2

Thüringen nach dem Umbruch

Thüringens Wirtschaft hat einen kompletten Umbruch erlebt. Neue, marktgerechte Strukturen mussten entwickelt werden. Für Industrie, Handwerk und Dienstleistung war der Boden zu ebnen, damit erfolgreich investiert werden konnte. Die erste Strecke auf diesem Weg hat Thüringen bereits zurückgelegt: Die Wirtschaft Thüringens weist steile Wachstums- und Investitionsraten auf, die Produktivität der Unternehmen hat sich erhöht.

Thüringen hat angeknüpft an seine industrielle und handwerkliche Tradition, diese auf einen zeitgemäßen Standard gebracht und es gleichzeitig verstanden, zukunftsweisende Technologien ins Land zu holen. Eine breite Palette unterschiedlichster Branchen verteilt sich so über Thüringen.

In Jena hat die optische Industrie ihr Zentrum, eng verbunden mit dem Namen Carl Zeiss. Maschinen werden vor allem in Erfurt gebaut, wo auch die Mikroelektronik ansässig ist. In Eisenach überwiegt traditionell die Automobilindustrie mit ihren Zulieferern. So ist zum Beispiel das neue Werk von Opel das produktivste Automobilwerk in Europa. Zum Thüringer Branchenmix gehören weiter Elektrotechnik, die Glas- und Feinkeramik, die Textil- und chemische Industrie.

Die neue Struktur für Thüringens Wirtschaft brachte es mit sich, dass große und schwerfällige Staatsbetriebe auf produktive industrielle Kerne reduziert worden sind. Auf Werksflächen, die nicht mehr betriebsnotwendig sind, entstehen heute moderne Industrie- und Gewerbegebiete. Ausgestattet mit einer hervorragenden Infrastruktur, bieten sie Raum für Investoren.

(Sie hören den Text nun noch einmal.)

Fragen von 143 bis 146

143. Die Veränderungen in Thüringen sind _____.

144. Was sagt man im Text über die aktuelle Wirtschaftslage in Thüringen?

145. In welcher Stadt hat die optische Industrie ihr Zentrum?

146. Was geschah mit den großen Staatsunternehmen nach der Wiedervereinigung?

D   Interview

Sie hören jetzt ein Interview und mehrere Fragen. Sie hören das Interview 2x, die Fragen nur 1x.
Sie dürfen sich keine Notizen machen.
Nach dem Hören lesen Sie die Antworten. Dann markieren Sie die richtige Antwort.
Eine Antwort ist richtig.

Kompetenz und innovative Dynamik

Jährlich 50 internationale und nationale Veranstaltungen, 10 000 Aussteller, 1,5 Millionen Besucher: Stuttgart ist einer der führenden Messeplätze Deutschlands.

Sie hören jetzt ein Gespräch zwischen der Deutsch-Französischen Industrie- und Handelskammer und dem Direktor der Messe Stuttgart International, Dr. Walter Gehring.

Contact: Der Messeplatz Stuttgart gilt als ideales Umfeld für Fachmessen. Welche Standortvorteile bietet Stuttgart?

Dr. Gehring: Die Region Stuttgart und die Messe Stuttgart International haben eines gemein: ihre technologische Kompetenz und ihre innovative Dynamik. So ist der Messeplatz Stuttgart mit seiner Spezialisierung auf qualifizierte Fachmessen der High-Tech- und Fertigungsindustrie ein getreues Spiegelbild der Wirtschaftsstruktur einer ganzen Region.

Internationale Firmen wie *Daimler Chrysler, Porsche, Bosch, Siemens, IBM, Alcatel SEL* und *Kodak* haben hier ihren Sitz.
Der Messeplatz Stuttgart ist für europäische Firmen von großer Bedeutung. Aber die Messe Stuttgart International führt ihren Ausstellern auch Einkäufer aus allen Kontinenten zu.

Contact: Wie wirken sich Globalisierung und die zunehmenden Konzentrationsprozesse im weltweiten Messegeschäft auf Ihre Planungen aus?

Dr. Gehring: Die Messe Stuttgart International trägt der Globalisierung insofern Rechnung, als sie selbst „global player" im Messemarkt ist. Sie verfügt weltweit über 36 Vertretungen und Informationsstellen zur Betreuung ihrer Aussteller und Besucher.
Außerdem arbeitet sie eng mit anderen europäischen und überseeischen Messeveranstaltern und Wirtschaftsverbänden zusammen.

Contact: Welche langfristigen Investitionen und neuen Projekte sind für die Messe Stuttgart International vorgesehen?

Dr. Gehring: Ein neues Messegelände soll den Messeplatz Stuttgart fit auch für die Zeit nach der Jahrtausendwende machen.
Die neue Messe soll rund 100.000 Quadratmeter groß werden, moderner, infrastrukturell perfekter und topografisch günstiger.
Dies ist die wichtigste Investition nicht nur in die Messe-„Hardware", sondern auch in die Wettbewerbsfähigkeit des Wirtschaftsstandortes Baden-Württemberg.

Contact: Herr Dr. Gehring, wir bedanken uns für dieses Gespräch.

(Sie hören das Interview nun noch einmal.)

Fragen von 147 bis 150

147. Was ist das Wesentliche am Standort Stuttgart?

148. Welche Messen werden hauptsächlich in Stuttgart veranstaltet?

149. Wie reagiert die Messe Stuttgart International auf die Globalisierung?

150. Was plant man für den Messeplatz Stuttgart?

Lösungen

Übungsteil

Teil 1 Fachlexik

A Synonyme

1. b, 2. a, 3. d, 4. b, 5. a, 6. c, 7. d, 8. b, 9. d, 10. a, 11. c, 12. b, 13. c, 14. a, 15. c, 16. b, 17. c, 18. a, 19. b, 20. d, 21. c, 22. a, 23. d, 24. b, 25. a, 26. d, 27. c, 28. b, 29. d, 30. a, 31. b, 32. d, 33. b, 34. a, 35. c, 36. b, 37. a, 38. d, 39. b, 40. a, 41. b, 42. a, 43. c, 44. c, 45. d, 46. a, 47. b, 48. c, 49. d, 50. b.

B Sprachbausteine

1. c, 2. b, 3. a, 4. d, 5. a, 6. c, 7. b, 8. a, 9. c, 10. d, 11. d, 12. c, 13. a, 14. b, 15. d, 16. b, 17. a, 18. c, 19. c, 20. a, 21. c, 22. a, 23. d, 24. b, 25. c, 26. a, 27. d, 28. b, 29. d, 30. a, 31. b, 32. d, 33. d, 34. c, 35. a, 36. b, 37. c, 38. d, 39. a, 40. b, 41. b, 42. d, 43. d, 44. c, 45. c, 46. c, 47. d, 48. a, 49. a, 50. b.

C Handelskorrespondenz

1. Anfrage   1. c, 2. a, 3. c, 4. b, 5. b, 6. c, 7. a, 8. a, 9. b, 10. b.
2. Angebot   1. b, 2. c, 3. a, 4. a, 5. c, 6. a, 7. b, 8. b, 9. a, 10. c.
3. Bestellung   1. b, 2. b, 3. a, 4. c, 5. a, 6. c, 7. b, 8. c, 9. a, 10. c.
4. Reklamation   1. b, 2. c, 3. a, 4. c, 5. a, 6. c, 7. a, 8. b, 9. c, 10. a.
5. Stundung   1. b, 2. a, 3. c, 4. c, 5. c, 6. a, 7. b, 8. b, 9. a, 10. b.
6. Partnersuche   1. b, 2. c, 3. a, 4. a, 5. a, 6. c, 7. b, 8. a, 9. c, 10. c.
7. Bewerbung   1. a, 2. c, 3. a, 4. b, 5. c, 6. a, 7. c, 8. c, 9. a, 10. b.
8. Reservierung   1. a, 2. a, 3. b, 4. a, 5. a, 6. c, 7. b, 8. b, 9. c, 10. a.

D Erläuterung einer Grafik

1. Spitzentrio   1. c, 2. d, 3. a, 4. c, 5. b, 6. b, 7. d, 8. d, 9. d, 10. d.
2. Die ec-Karte   1. d, 2. d, 3. b, 4. d, 5. c, 6. b, 7. c.
3. Der Euro   1. c, 2. d, 3. b, 4. a, 5. b, 6. c, 7. b, 8. b, 9. b.
4. Mobbing   1. d, 2. b, 3. c, 4. c, 5. d, 6. a, 7. b, 8. d, 9. a, 10. c.
5. Die Konkurrenz   1. c, 2. b, 3. c, 4. a, 5. a, 6. d, 7. b, 8. c.
6. Lustlose Kundschaft 1. b, 2. c, 3. a, 4. c, 5. b, 6. d, 7. a, 8. b, 9. c, 10. c.
7. Keine Angst   1. d, 2. d, 3. c, 4. a, 5. a, 6. a, 7. b, 8. d, 9. a, 10. b.
8. Die Welt   1. b, 2. d, 3. d, 4. a, 5. b, 6. d, 7. a, 8. c, 9. b, 10. b.

E Anzeigen

1. Deutsche Post   1. a, 2. d, 3. b, 4. b, 5. c, 6. a, 7. d, 8. a.
2. ERGO   1. b, 2. c, 3. a, 4. c, 5. d, 6. a, 7. d, 8. a.
3. Arbeit für Junge   1. c, 2. d, 3. b, 4. d, 5. a, 6. a, 7. b, 8. d, 9. c, 10. d.
4. SAP   1. a, 2. b, 3. c, 4. d, 5. c, 6. b, 7. a, 8. b, 9. c, 10. d.
5. KölnMesse   1. c, 2. d, 3. b, 4. c, 5. c, 6. c, 7. a, 8. b, 9. b, 10. c.
6. Deutsche Bank   1. a, 2. c, 3. b, 4. b, 5. c, 6. b, 7. d, 8. b.
7. WestLB   1. c, 2. b, 3. d, 4. b, 5. c, 6. d, 7. a, 8. a, 9. b, 10. d.
8. Braunkohle   1. d, 2. c, 3. b, 4. b, 5. a, 6. c, 7. d, 8. d, 9. b, 10. d, 11. c, 12. b.

Teil 2 Grammatik

A Deklinationen

1. b, 2. d, 3. d, 4. b, 5. c, 6. a, 7. c, 8. d, 9. a, 10. b, 11. b, 12. c, 13. c, 14. d, 15. d, 16. d,
17. d, 18. c, 19. a, 20. b, 21. c, 22. b, 23. b, 24. b, 25. d, 26. d, 27. b, 28. c, 29. b, 30. d, 31. c,
32. a, 33. d, 34. c, 35. a, 36. d, 37. d, 38. b, 39. d, 40. b, 41. d, 42. d, 43. a, 44. d, 45. d, 46. a,
47. c, 48. d, 49. b, 50. b, 51. a, 52. d, 53. a, 54. c, 55. d, 56. b, 57. a, 58. c, 59. d, 60. d.

B Verbformen

1. a, 2. d, 3. b, 4. d, 5. d, 6. b, 7. a, 8. c, 9. d, 10. b, 11. c, 12. d, 13. d, 14. d, 15. d, 16. b,
17. d, 18. d, 19. c, 20. b, 21. c, 22. d, 23. b, 24. a, 25. d, 26. d, 27. d, 28. d, 29. c, 30. b, 31. a,
32. d, 33. c, 34. b, 35. a, 36. d, 37. c, 38. d, 39. b, 40. c, 41. c, 42. d, 43. d, 44. d, 45. d, 46. b,
47. b, 48. c, 49. d, 50. c, 51. b, 52. b, 53. c, 54. c, 55. b, 56. c, 57. b, 58. c, 59. b, 60. b.

C Präpositionen/Adverbien

1. b, 2. c, 3. d, 4. b, 5. b, 6. c, 7. a, 8. d, 9. c, 10. b, 11. c, 12. c, 13. b, 14. b, 15. d, 16. d, 17. c,
18. b, 19. a, 20. b, 21. b, 22. a, 23. c, 24. d, 25. b, 26. d, 27. d, 28. b, 29. b, 30. c, 31. c, 32. c,
33. b, 34. d, 35. c, 36. b, 37. d, 38. b, 39. b, 40. d, 41. d, 42. c, 43. d, 44. c, 45. d, 46. b, 47. d,
48. b, 49. d, 50. d, 51. c, 52. d, 53. a, 54. c, 55. b, 56. d, 57. a, 58. d, 59. b, 60. a.

D Konjunktionen/Pronomen

1. c, 2. c, 3. b, 4. d, 5. d, 6. d, 7. b, 8. b, 9. d, 10. c, 11. d, 12. d, 13. a, 14. d, 15. d, 16. b,
17. a, 18. c, 19. b, 20. d, 21. b, 22. a, 23. c, 24. c, 25. b, 26. b, 27. c, 28. c, 29. c, 30. b, 31. d,
32. b, 33. d, 34. b, 35. c, 36. a, 37. d, 38. c, 39. d, 40. c, 41. a, 42. d, 43. d, 44. c, 45. c, 46. a,
47. c, 48. b, 49. d, 50. d, 51. d, 52. b, 53. a, 54. c, 55. b, 56. b, 57. a, 58. d, 59. b, 60. c.

E Sprachbausteine

1. b, 2. d, 3. a, 4. d, 5. d, 6. a, 7. b, 8. d, 9. b, 10. c, 11. c, 12. d, 13. d, 14. c, 15. d, 16. d,
17. c, 18. a, 19. d, 20. b, 21. a, 22. d, 23. d, 24. c, 25. a, 26. c, 27. d, 28. c, 29. d, 30. a, 31. b,
32. c, 33. a, 34. d, 35. d, 36. a, 37. a, 38. c, 39. d, 40. c, 41. d, 42. c, 43. b, 44. b, 45. d, 46. a,
47. b, 48. b, 49. a, 50. c, 51. d, 52. b, 53. c, 54. d, 55. b , 56. c, 57. d, 58. c, 59. b, 60. c .

Teil 3 Leseverstehen

Text

1	1. a, 2. b, 3. a.
2	1. b, 2. b, 3. a, 4. b, 5. b.
3	1. b, 2. b, 3. c, 4. a.
4	1. c, 2. a, 3. a, 4. c.
5	1. d, 2. b, 3. b.
6	1. c, 2. d, 3. a, 4. d.
7	1. d, 2. c, 3. c.
8	1. a, 2. c, 3. c, 4. a, 5. d, 6. d.
9	1. b, 2. c, 3. a, 4. d.
10	1. d, 2. b, 3. a, 4. c.
11	1. b, 2. c, 3. d, 4. d.
12	1. d, 2. c, 3. b, 4. d.
13	1. c, 2. d, 3. d, 4. c.
14	1. c, 2. a, 3. a, 4. b.
15	1. a, 2. b, 3. c, 4. a, 5. d.
16	1. c, 2. d, 3. c, 4. d, 5. a.

17   1. c, 2. d, 3. a, 4. b, 5. a, 6. d.
18   1. b, 2. b, 3. d, 4. a.
19   1. b, 2. a, 3. c, 4. b.
20   1. d, 2. b, 3. b, 4. c, 5. b, 6. d.

Teil 4 Hörverstehen

A Einfache Aussagen

1. a, 2. c, 3. a, 4. b, 5. b, 6. b, 7. c, 8. a, 9. a, 10. b, 11. a, 12. d, 13. b, 14. c, 15. c, 16. c, 17. c, 18. c, 19. b, 20. c.

B Dialoge
Kurze Dialoge

1. a, 2. c, 3. d, 4. c, 5. d, 6. d, 7. b, 8. b, 9. a, 10. c, 11. b, 12. c, 13. a, 14. b, 15. c, 16. b, 17. d, 18. c, 19. d, 20. b.

Längere Dialoge

21. b, 22. c, 23. a, 24. d, 25. c, 26. b, 27. a, 28. d, 29. c, 30. d.

C Hörtexte

Hörtext 1   1. c, 2. b, 3. c, 4. b, 5. d.
Hörtext 2   6. a, 7. c, 8. b, 9. c, 10. a.

D Interviews

Interview 1   1. b, 2. a, 3. c, 4. c, 5. d, 6. b.
Interview 2   7. b, 8. d, 9. b, 10. a, 11. c, 12. a.

Lösungen

Modelltest

Teil 1 Fachlexik

A Synonyme

1. b, 2. a, 3. c, 4. b, 5. c, 6. b, 7. a, 8. c, 9. c, 10. b, 11. a.

B Sprachbausteine

12. b, 13. b, 14. c, 15. a, 16. d, 17. d, 18. a, 19. d, 20. b, 21. a, 22. c, 23. a, 24. c, 25. b, 26. c, 27. c.

C Handelskorrespondenz

28. b, 29. b, 30. c, 31. a, 32. b, 33. c, 34. a, 35. c, 36. b, 37. a.

D Erläuterung einer Grafik

38. b, 39. c, 40. b, 41. a, 42. b, 43. c.

E Anzeige

44. a, 45. b, 46. c, 47. a, 48. c, 49. d, 50. c.

Teil 2 Grammatik

51. a, 52. c, 53. d, 54. b, 55. b, 56. c, 57. c, 58. b, 59. c, 60. d, 61. c, 62. b, 63. c, 64. a, 65. c, 66. d, 67. b, 68. c, 69. d, 70. b.

Teil 3 Leseverstehen

Text

1   71. a, 72. b, 73. a, 74. b, 75. b, 76. a, 77. b.
2   78. c, 79. b, 80. b, 81. b, 82. a.
3   83. b, 84. a, 85. b, 86. c, 87. c, 88. a, 89. d.
4   90. b, 91. c, 92. d, 93. c, 94. c, 95. d.
5   96. b, 97. c, 98. b, 99. a, 100. a.

Teil 4 Hörverstehen

A Einfache Aussagen

101. b, 102. c, 103. a, 104. b, 105. c, 106. a, 107. a, 108. c, 109. c, 110. c, 111. b, 112. b, 113. b, 114. b, 115. c.

B Dialoge

Kurze Dialoge

116. c, 117. b, 118. d, 119. d, 120. b, 121. d, 122. c, 123. c, 124. d, 125. b, 126. b, 127. a, 128. a, 129. b.

Längere Dialoge

Dialog 1   130. d, 131. b, 132. c.
Dialog 2   133. a, 134. b, 135. a.
Dialog 3   136. c, 137. b, 138. c.

C Hörtexte

Hörtext 1   139. b, 140. a, 141. b, 142. b.
Hörtext 2   143. b, 144. b, 145. c, 146. a.

D Interview

147. b, 148. a, 149. d, 150. c.

Quellenverzeichnis für Texte und Abbildungen

S. 25–32, 110 Statistiken: GLOBUS Infografik
S. 34 Anzeige ERGO
S. 35 Anzeige Bundesanstalt für Arbeit, Europäische Gemeinschaft
S. 36 Anzeige SAP Aktiengesellschaft
S. 37 Anzeige KölnMesse
S. 38 Anzeige Deutsche Bank
S. 40 Anzeige Braunkohle DEBRIV, Deutscher Braunkohlen-Industrie-Verein e. V.
S. 59 Thomas Bundschuh, Messe informiert über Chancen bei Zeitarbeit, Süddeutsche Zeitung, 24./25. 4. 1999
S. 60 contact, Oktober 1998
S. 61 Der Spiegel, Nr. 14/1999
S. 62 contact, September 1998
S. 63 contact, Februar 1999
S. 64 Frankfurter Rundschau, 25. 1. 1999
S. 66 Geschichte einer Existenzgründung: Thomas Bundschuh, Ein Haus für weiteres Wachstum, Süddeutsche Zeitung, 24./25. 4. 1999
S. 68 Andreas Roß, Lauingens türkische Seite, Süddeutsche Zeitung, 24./25. 4. 99
S. 69 contact, November 1998
S. 71 Die Welt, 30. 6. 1999
S. 72 contact, Februar 1999
S. 74 contact, Februar 1999
S. 79 contact, April 1999
S. 81 contact, Februar 1999
S. 115 Verlagsgruppe Handelsblatt, Wirtschaftswoche, Nr. 32, 5. 8. 1999
S. 116 Der Spiegel, Nr. 14, 1999
S. 120 contact, März 1999